하나님,
당신이십니까?

IS That You, God?
© Copyright 2015 by Cindy Jacobs
All right Reserved.
Published by Generals International (February 24, 2015)
P.O. Box 340, Red Oak, TX 75154
All right Reserved.
Korean Translation Copyright © 2015 Tabernacle of David.

이 책의 한국어판 저작권은 다윗의장막미디어에 있습니다.
저작권법에 의해 한국에서 보호받는 저작물이므로 무단전재와 무단복제를 금합니다.

하나님,
당신이십니까?

신디 제이콥스

차례

1. 하나님이 내게 말씀하기 원하신다고? _ 6
왜 이 책인가?
하나님은 우리와의 친밀감을 갈망하신다
모든 사람이 예언하도록 부름 받는다

2. 어떻게 하나님의 음성을 인식하는가? _ 16
"왜 나는 하나님의 음성을 못 듣는가?"
"어떻게 하나님의 음성을 듣는가?"
당신은 태생적으로 하나님의 음성을 듣도록 지어졌다
하나님의 음성 분별하기
성경적인가?
교제를 추구하라
내적 증거: 공명
경건한 조언 (Godly Counsel)

3. 예언의 목적 _ 38
예언의 세 가지 주 기능
덕을 세움
권면 Exhortation
위로 Comfort

4. 현재 하나님의 음성을 들으려면 당신의 과거를 고쳐라 _ 56
파선
내적 맹세
실망
자기 자신 용서하기

5. 하나님의 음성 듣기의 장애물들 _ 80
  기대대로 안 될 때의 실망
  불순종
  죄
  불신
  원망
  생각의 제한
  영적 전쟁
  자기기만, 스스로 속임
  외로움
  영혼이 막힘

6. 어떻게 예언의 진위를 확인하고 그것에 따라 행동할 것인가 _ 112
  그 예언이 성경적인가?
  열매가 있는가?
  말씀을 오염시키는 것이 있는가?
  예언자가 비판적이거나 판단하는가?
  성령의 내적 증거가 있는가?
  외적 증거가 있는가?
  이것이 나의 가정에 해가 될 것인가?
  예언의 타이밍을 분별하라

7. 하나님은 당신에게 말씀하기 원하신다! _ 128

1장

하나님이 내게 말씀하기 원하신다고?

당신이 무슨 일을 하든, 하나님의 음성은 침묵하시는 것 같았던 때가 있는가? 나는 때때로 그렇게 느꼈다. 내가 어린 소녀일 때부터였다.

텍사스 주, 샌안토니오에서 자란 나는 하나님의 음성에 대해 별로 많이 듣지 못했다. 나는 하나님을 경외하는 평범한 남침례교 가정에서 자랐다. 나의 아버지는 목사님이셨고, 부모님은 나의 남동생, 여동생, 나에게 예수님의 사랑과 구원에 대해 가르치셨다. 우리의 작은 침례교회에서, 우리는 하나님의 사랑, 하나님의 자비, 하나님의 은혜, 하나님의 심판에 대해 많이 들었지만, 하나님의 음성에 대해서 직접 들은 적은 별로 없었다.

나는 좀 유별난 아이였다. 내가 하나님의 음성을 처음 들은 것은 네 살 때였다. 어린 딸이 자기 여동생이 태어날 것이라고 선포하는 것을 경험한 어머니는 많지 않을 것이다. 그 말은 맞았다. 뿐만 아니라, 부모님은 더 놀라게 한 것은 나의 여동생 루시가 나의 담대한 선언 후 불과 몇 달 만에 태어났다는 것이다! 나는 나의 선포가 정확하게 이루어졌다는 것을 최대한 활용했다. 십대 시절에 나의 여동생은 나를 우러러보았다! (사실 십대 시절의 나는 하나님이 다루셔야 할 부분이 좀 있는 아이였다.)

나는 1960~1970년대의 텍사스에서 젊은 시절을 보냈는데,

그 당시는 예언이나 하나님의 음성 듣기에 대해 많이 말하지 않을 때였다. 그래서 오랫동안, 나는 이방인 같은 기분이었고, 나 혼자만 동떨어진 경험을 하고 있는 것 같았다. 때로 주님께서 세미한 음성으로 인간적으로는 내가 도무지 알 수 없는 것들을 계시해 주시곤 하셨다.

어떻게 나는 그렇게 분명히 들었는가? 당시 나의 부모님은 오늘날처럼 하나님은 예언적으로 말씀하신다는 것을 잘 이해하고 계시진 않았지만, 나에게 기도하고 기도 응답을 기대하라고 가르치셨다는 것이다. 그런 분위기 속에서 자란 나는 부모님 말씀을 있는 그대로 받아들였기 때문에 믿음이 성장하며 예언적 은사가 내 안에서 용솟음치기 시작했던 것이다.

물론 오늘날에는 성경적 예언을 받아들이는 교회들, 사역단체들, 운동들이 많다. 또 좋은 자료들도 많다. 책, 온라인 강의, 설교, 비디오 자료 등등이 그리스도인들의 예언의 은사 개발을 도와준다.

왜 이 책인가?

하나님의 음성 듣기에 대한 다른 책이 필요한가? 글쎄, 한 가지 이유는 예언에 대한 어떤 자료들은 좀 신비적이고 이해하기 어렵거나, 독자나 청자가 어느 정도의 성경 지식을 갖는 것을 전제한다는 것이다. 내가 간단하고 짧은 이 메시지를 작성한 목적은 하나님의 음성에 대한 수수께끼를 풀고 어떻게 하나님의 음성을 좀더 효과적으로 강력하게 들을 수 있는지 이해할 수 있도록 명확하게 나누려는 것이다.

당신은 이렇게 말할지 모른다.

"신디, 당신이 그렇게 말하기는 쉬울 거예요. 당신은 전 세계로 다니며 사역하는 선지자라서 하나님의 음성을 쉽게 듣죠. 그렇지만 나는 아니에요."

그러나 사실은 나도 항상 하나님의 음성을 분명히 듣는 것은 아니다! 또한 하나님이 과연 나에게 말씀하시는지 의구심을 품었던 어두운 때도 있었다.

우리가 하나님의 음성을 어떻게 더 잘 들을 수 있는지 함께 탐구하자. 주일에 교회에 앉아서, 세상 염려는 저 멀리 교회 문 밖에 있을 때만 아니라, 일상의 현실이 들이닥쳐 영적 생활을 옥죄며 핑핑 정신없이 돌아가게 하는 월요일 아침에도 하나님의 음성을 들을 필요가 있다는 말이다. 내가 정말로 하나님의 음성을 들어야 할 필요가 있는 때는 그 정신없이 돌아가던 것이 멈추고 나서 녹초가 되었을 때다. 당신은 어떤가?

내가 여기서 나누는 것 중의 많은 것들을 당신이 전에 들어봤을 수 있다. 그러나 때로는 신선하게 되새기는 것도 좋다(이것 역시 나 자신에게도 해당되는 말이다)! 어쩌면 당신은 새로 그리스도인이 되었거나 아니면 그저 하나님이 오늘 어떻게 말씀하시는지 알고 싶은 것일 수 있다. 그런 경우에는 이 소식을 처음 들을 것이다. 즉 하나님은 당신을 사랑하시고, 당신의 삶에 대한 멋진 계획을 갖고 계시고, 당신에게 말씀하기 원하신다.

잠깐 언급했듯이, 내가 처음 하나님의 음성을 들은 것은 네 살 때였다. 그 이후로 하나님께서 "두 번 전진하고 한 걸음 후퇴하는" 시행착오의 과정을 이끌어 주시며 하나님의 음성을 더욱 분명히 듣도록 내 귀를 조정해 주셨다. 하나님과 동행하고 하나님의 음성을 더 정확하게 듣는 훈련을 하면서, 나는 하나님이 모든 그리스도인들에게 말씀하고 싶어 하신다는 것을 배웠다. 왜 그런가? 하나님은 우리 아버지시고 우리가 다 알 수 없을 정도로 우리를 사랑하시기 때문이다.

하나님은 우리와의 친밀감을 갈망하신다

요한복음 18장에서 예수님이 십자가에 달리시기 전 마지막 밤의 이야기를 생각해 보라. 예수님이 십자가에 못 박히셨다. 예수님이 서 계신다. 혹은 무릎을 꿇으신다. 손은 결박되어 있다. 강력한 로마를 배후에 업은, 세상 권력을 상징하는 본디오 빌라도 앞에 그렇게 계신다. 빌라도가 예수님이 유대인의 (이 땅 위의) 왕이신지 아닌지 질문하자, 예수님이 대답하신다.

> 네 말과 같이 내가 왕이니라 내가 이를 위하여 태어났으며 이를 위하여 세상에 왔나니 곧 진리에 대하여 증언하려 함이로라 무릇 진리에 속한 자는 내 음성을 듣느니라(요 18:37)

성경에서 뭐라고 말하는지 봤는가? 진리에 속한 모든 사람(거듭난 사람)은 하나님의 음성을 듣는다! 그것은 바로 당신이다. 바로 나다. 그리고 그것이 사랑이다!

부모는 자녀와의 좋은 대화가 얼마나 기쁨이 되는지 안다. 부모는 자녀를 사랑하고, 귀여워하고, 자녀를 더 잘 알고 싶어 한다. 그럼으로써 자녀를 잘 돕고 안내하고자 한다. 하물며 하나님은 당신에 대해 얼마나 더 그러실지 생각해 보라.

당신이 주님의 사랑의 길을 따를 때 주님은 당신과의 더 깊은 친밀감 속으로 들어가기를 원하신다. 고린도전서 14장 1절에서 말한다.

"사랑을 추구하며 신령한 것들을 사모하되 특별히 예언을 하려고 하라."

사랑의 길을 따른다는 것이 무엇을 의미하는가? 특히 하나님의 음성을 듣는 것과 예언적 삶에 관해서 말이다.

사랑의 길을 따른다는 것은 그저 모든 것을 사랑 안에서 한다는 의미다. 특히 하나님의 음성을 들으려 귀 기울일 때 말이다. 만일 그 목소리가 가혹하고, 정죄하고, 죄책감을 불러일으킨다면, 그 음성을 테스트해 보라. 그것이 정말 하나님의 음성인가, 아니면 세상이나 육신, 혹은 마귀인가? 때로는 분별하기 어렵지만, 2장에서 우리는 매일 당신의 감각을 공격하는 모든 목소리들과 하나님의 음성을 어떻게 구별할지에 대해 자세히 다룰 것이다.

하나님의 음성을 더 분명히 듣도록 귀를 예리하게 단련하기 위한 뚜렷한 성경적 단계들이 있다. 우리는 이 책에서 나중에 그 단계들도 다룰 것이다. 하나님은 당신이 들을 준비가 되어 있다면, 당신에게 말씀하기를 원하신다. 이것은 비밀 퍼즐이 아니다. 하나님은 당신이 이것을 풀지 못하기를 바라시지 않는다. 하나님은 당신에게 말씀하시고 격려, 평안, 그리고 물론 때론 교정의 말씀을 당신의 삶과 마음에 하기 원하신다.

모든 사람이 예언하도록 부름 받는다

다른 이야기하기 전에 분명히 밝힐 중요한 것이 있다. 모든 그리스도인이 선지자 직위에 앉지는 않지만, 모든 신자가 예언할 수 있다. 고린도전서 14장 39절에서 말한다.

"그런즉 내 형제들아 예언하기를 사모하며 방언 말하기를 금하지 말라."

바울이 "형제들아"라고 말하는 것에 주목했는가? "형제들"이라는 단어는 교회 전체를 말한다. 교회의 전 교인이 예언하는 것이 하나님의 뜻이다. 어떤 그리스도인들은 구체적으로 선지자가 되도록 부름 받는다(당신도 그중 한 명일 수 있다). 그러나 우리 모두가 하나님의 음성을 듣고 하나님의 사랑의 메시지를 주변 사람들과 나누도록 부름 받는다. 즉 하나님은 바로 오늘 당신이 하나님의 음성을 듣고 그에 따라 행동하기를 바라신다.

다음 장에서는, 매일 우리를 둘러싸는 모든 소음 중에서 어떻게 하나님의 음성을 인식할지 탐구할 것이다. 성경이 우리의 안내자이며, 감사하게도, 어떤 때 이 "음성"이 하나님의 것이며, 어떤 때 아닐 수 있는지에 대해 많은 것을 알려 준다.

2장

어떻게 하나님의 음성을 인식하는가?

"왜 나는 하나님의 음성을 못 듣는가?"

이것은 내가 만나는 사람들에게서 가장 자주 받는 질문 중 하나다. 그리고 전 세계 어디서나, 가장 어려운 나라에서부터 시작해서 아시아와 유럽의 가장 부유한 도시들에서도 듣는 말이다. 모든 그리스도인이, 빈부격차와 남녀노소를 막론하고 하나님의 음성을 더 분명히 더 자주 들으려는 열망과 갈망을 똑같이 가지고 있다.

사람들이 내게 와서 말한다. "신디, 저는 하나님의 음성을 듣고 싶어요." 혹은 이렇게 말한다. "나는 하나님의 음성을 못 듣겠어요! 하나님이 나를 사랑하시지 않는 걸까요?" 당신은 두 번째 질문을 (그리고 첫 번째 질문도) 했던 사람일 수 있다. 그것은 좋은 질문이고, 감사하게도 확실한 답이 있다. 하나님은 정말로 당신을 사랑하신다!

왜 어떤 사람들은 자신이 하나님의 음성을 듣지 못한다고 생각하는가? 놀랍게도 내가 만난 많은 오래된 그리스도인들이 자신이 하나님의 음성을 들을 수 있는지 아닌지 잘 모르고 있었다. 하나님의 음성을 들으려고 씨름하고 고민한다는 게 아니라, 그들은 그들이 그렇게 할 수 있다는 것을 들어본 적이 아예 없다! 따라서 그들은 시도하지도 않았다. 슬픈 사실은 어떤 사람들은 하나님이 그들에게 하나님 자신을 계시하려 하신다는 사실을 모른다는 것이다. 그러나 정말로 하나님은 그것을 원하신다! 하나님은 하나님이 누구신지 우리에게 보여 주고 싶어 하신다. 우리가 무엇을 듣기를 하나님이 바라시는지에 대해 배울 수 있는 방법들이 있다.

"어떻게 하나님의 음성을 듣는가?"

내가 자주 받는 질문이 있다. "하나님의 음성을 들으려면, 제가 어떻게 해야 하죠?" 그냥 아침에 일어나자마자 하나님과 대화하면 되는 것인가? 그렇게 말할 수도 있을 것이다. 하나님의 음성을 듣는 것은 일종의 대화다. 그러나 우리가 하나님께 귀 기울이고 경청 하는 것이지, 우리만 얘기하는 것은 아니다. 어떤 사람들은 그냥 하나님이 나타나셔서 어깨를 치시며 "하지 마! 그렇게 하면 큰 문제에 빠질 거야"라고 말씀하신다면 좋아할 것이다.

나는 그렇게 하나님이 내 어깨를 치시는 경험을 해보았다. 내가 고등학생일 때, 목사님이신 아버지께 말했었다.

"아빠, 제가 결정을 해야 하지만, 왜 제가 이것을 해야 하는지에 대해서 성경의 모든 신학적 이유를 말씀해 주시는 건 싫어요. 저는 시간이 5분밖에 없으니까 '그래, 하거라'나 '아니야, 하지 마'

로 말씀해 주세요."

그러자 아버지는 그저 나를 보고 웃으시며 고개를 흔드셨다. 때로는 내 말대로 아버지가 직설적인 대답을 해주셨다. 그러나 삶은 복잡하고, 나의 아버지는 복잡한 내 삶의 모든 문제에 대해 단순하게 대답해 주실 수 없으셨다.

때로 우리는 하나님에 대해 그렇게 느끼지 않는가? 우리는 좌절감과 조급함 속에서 하나님이 그저 "아니야! 그 사람하고 결혼하지 마! 그건 큰 실수야!"라거나 "그래, 그 직장을 잡아. 그게 내 뜻이야"라고 말씀해 주시기를 바란다. 하나님이 우리가 원하는 때에 우리가 원하는 식으로 항상 응답해 주시지 않는 이유는 우리가 영적으로 성장하기를 바라시기 때문이다. 그렇다! 하나님은 우리가 자라기를 바라신다. 그래서 항상 쉽지는 않게 하셨다. 왜냐하면 우리가 하나님의 세미한 음성을 알게 되기를 바라시기 때문이다. 하나님은 우리가 하나님의 음성의 미세한 어조와 음색에까지 우리가 익숙해지기를 바라신다.

사랑하는 사람과 소통하는 것은 인간의 본성이다. 예를 들어, 나의 손자손녀들이 태중에 있을 때, 나는 그 아이들에게 "할머니 목소리"를 각인시켰다. 나는 태중에서 어느 단계가 되면 태아들이 작은 귀로 들을 수 있다는 것을 알았기 때문에 태중의 그 아이들에게 말했다. (내 딸과 사위가 그때의 재미있는 얘기들을 알고 있다!)

아기가 딸인지 아들인지 알아서 이름을 부르기 시작하면 더 재미있어진다. 나는 말했다. "안녕, 말라기(첫 손자의 이름)야, 나는 네가 좋아하는 할머니야. 다른 할머니들도 있지만, 내가 네가 좋아하는 할머니야."

내가 회개해야 한다고 생각하는가? 내가 '할머니의 권한'을 너무 많이 사용한 것인지 몰라도, 정말로 손자손녀들은 나를 사랑한다! 그들은 태중에서부터 내 음성을 듣고 알며 태어났다.

당신은 태생적으로 하나님의 음성을 듣도록 지어졌다

이것이야말로 하나님이 당신에게 하기 원하시는 것이다. 즉 측량할 수 없이 당신을 사랑하시는 하나님의 음성을 당신이 듣기를 하나님이 바라신다. 하나님은 필터나 잡음 없이 당신이 하나님의 음성을 분명히 듣기를 바라신다. 하나님이 뭘 바라시는지 성경에서 읽을 수 있다. 요한복음 10장 2~4절에서 말한다.

> 문으로 들어가는 이는 양의 목자라 문지기는 그를 위하여 문을 열고 양은 그의 음성을 듣나니 그가 자기 양의 이름을 각각 불러 인도하여 내느니라 자기 양을 다 내놓은 후에 앞서 가면 양들이 그의 음성을 아

는 고로 따라오되

무엇보다 첫째로, 성경적으로, 우리는 하나님의 말씀 위에 설 수 있다. 오순절의 아름다운 점 한 가지는 그날 성령 충만을 받은 모든 사람들이 하나님의 음성을 들을 수 있었다는 것이다.

구약에서는 선지자들만 그렇게 할 수 있었으나 하나님은 모든 자녀들이 하나님이 우리에게 말씀하실 때 알아듣기를 바라신다. 요점은 당신이 이미 하나님의 음성을 듣도록 창조되었다는 것이다.

예수님이 승천하시기 전에, 제자들을 위로하는 말씀을 하셨다.

> 내게서 들은 바 아버지께서 약속하신 것을 기다리라 요한은 물로 세례를 베풀었으나 너희는 몇 날이 못 되어 성령으로 세례를 받으리라 하셨느니라(행 1:4~5)

이어서 말씀하셨다.

> 오직 성령이 너희에게 임하시면 너희가 권능을 받고 예루살렘과 온 유대와 사마리아와 땅 끝까지 이르러 내 증인이 되리라(행 1:8)

며칠 후, 예수님이 아버지의 우편으로 승천하신 후, 사도들과 가장 가까운 제자들이 다락방에 모여 유대인의 절기 오순절, 헬라어로 펜테코스테를 지켰다. 그들이 모인 동안 이런 일이 일어났다.

> 오순절 날이 이미 이르매 그들이 다같이 한 곳에 모였더니 홀연히 하늘로부터 급하고 강한 바람 같은 소리가 있어 그들이 앉은 온 집에 가득하며 마치 불의 혀처럼 갈라지는 것들이 그들에게 보여 각 사람 위에 하나씩 임하여 있더니 그들이 다 성령의 충만함을 받고 성령이 말하게 하심을 따라 다른 언어들로 말하기를 시작하니라(행 2:1~4)

예수님이 약속하신 대로, 아버지께서 보혜사 성령을 보내사 교회에 능력을 부여하셨다. 베드로는 오순절의 놀랍고 경이로운 사건들을 이렇게 설명했다.

> 이 예수를 하나님이 살리신지라 우리가 다 이 일에 증인이로다 하나님이 오른손으로 예수를 높이시매 그가 약속하신 성령을 아버지께 받아서 너희가 보고 듣는 이것을 부어 주셨느니라(행 2:32~33)

베드로는 사람들에게 설교하면서 구약의 선지자 요엘의 예언을 인용한다.

> 하나님이 말씀하시기를
> 말세에 내가 내 영을 모든 육체에 부어 주리니
> 너희의 자녀들은 예언할 것이요
> 너희의 젊은이들은 환상을 보고
> 너희의 늙은이들은 꿈을 꾸리라
> (행 2:17)

오순절에 처음 모든 예수님의 제자들이 성령을 받았다. "어떤 육체"나 "거의 모든 육체"라고 하지 않은 것에 주목하라. 오순절 때부터 하나님이 성령을 교회에 보내셔서 성령이 우리의 안내자, 보호자, 돕는 자가 되게 하신다.

오순절과 하나님의 성령 선물 덕분에 모든 그리스도인들이 아버지의 음성을 향해 나아갈 수 있다. 당신이 그 음성을 모른다고 생각하더라도, 예수 그리스도를 구주로 영접할 때, 그리고 특히 성령의 능력이 당신을 통해 나타날 때, 당신은 성령으로 능력을 덧입는다. 즉 당신은 이미 하나님의 음성을 듣도록 지어졌다.

좋은 소식은 성령께서 친히 당신과 내 안에 계신다는 것이다.

그러므로 매일 대화가 일어난다. 우리가 그것을 추구하고 주의를 기울인다면 말이다.

하나님이 당신에게 말씀하실 수 있고 또한 당신에게 말씀하기 원하신다는 것을 알라. 하나님이 당신에게 말씀하실 수 있는 다섯 가지 기본적인 방법이 있다. 그 다섯 가지를 간단히 다루고 나서, 이 책 전체에서 각 방법을 깊이 살펴보겠다.

성경

하나님의 말씀을 공부하면, 다른 모든 사람들보다 하나님의 음성을 더 잘 듣고 구별할 수 있다.

기도

우리는 하나님께 얘기하기도 하고 하나님께 귀 기울이기도 하고 두 가지를 다 해야 한다.

기도는 일방통행이 아니다. 우리는 방해거리가 없는 조용한 곳에 가서, 하나님의 세미한 음성을 잘 들을 수 있는 자세를 가져야 한다.

매일 기도 일기를 써서 하나님으로부터 듣는 인상이나 말을 기록할 수도 있다.

다른 사람

하나님이 때로 다른 사람을 통해 말씀하셔서 당신을 북돋거나, 굳건하게 하거나, 위로하실 것이다. 이것을 개인적 예언이라고 하며, 하나님으로부터 듣는 이 측면에 대해서 6장에서 다룰 것이다.

상황

하나님은 우리 삶의 상황을 사용하셔서 우리에게 말씀하신다. 예를 들어, 수입의 10%를 십일조로 내고 싶지만, 현재 예산에서 121달러가 모자란다고 하자. 당신이 기도하면, 다음날, 한 친구가 전화해서 방을 세놓는다고 한다. 거기로 이사 가면 121달러를 절약하게 된다는 것을 깨닫는다. 그것은 하나님이 당신의 상황을 통해 말씀하시는 한 예다.

꿈과 환상

여기서 자세히 말하진 않겠지만, 꿈과 환상도 하나님이 오늘날 말씀하실 수 있는 성경적인 방법들이다.

하나님이 우리에게 말씀하시는 방법에 대해 수백 권의 책이 있다. 나도 그것들을 언급하고 싶지만, 거기에 너무 오래 시간을 쓰지는 않겠다. 이 책에서 나의 주된 목표는 제목에 제시된 질문에 대답하는 것이다. "하나님, 당신이십니까?" 그 목적을 위해, 하나님의 음성을 다른 음성들과 어떻게 분별하는지에 대한 중요한 쟁점을 탐구하자.

하나님의 음성 분별하기

세상의 음성들('세상'이라고 할 때는 원수 마귀의 음성도 포함한다), 당신 자신의 내적 음성, 하나님의 음성을 어떻게 구별하는가? 때로는 이 세 가지를 서로 구별하기가 매우 어렵다. 그리고 물론 하나님의 음성 더 분명히 듣기는 평생에 걸친 성화 과정이다. "성화시키다"의 의미는 "어떤 목적을 위해 구별하다"이며, 신자인 우리의 목적은 그리스도와의 동행에 성장하여 그리스도께서 우리를 더 강력히 사용하여 그리스도를 위해 우리가 다른 사람들에게 다가가게 되는 것이다.

첫째로 데살로니가전서 5장 23절에서 말한다.

> "평강의 하나님이 친히 너희를 온전히 거룩하게 하시고 또 너희의 온 영과 혼과 몸이 우리 주 예수 그리스도께서 강림하실 때에 흠 없게 보전되기를 원하노라."

하나님의 갈망은 우리의 모든 삶(영혼육)이 하나님을 영화롭게 하면서 우리가 하나님과의 친밀감에 있어서 성장하는 것이다. 우리의 성장의 주요 부분은 우리 목자의 음성을 인식하고 주의를 기울이는 데 있다(요 10:4 참조).

비록 의식하지 못하더라도, 당신의 내면은 하나님의 음성을 듣는 능력을 갖도록 창조되었다. 이 단락에서, 나는 당신이 듣는 것을 어떻게 테스트하고, 그것이 하나님으로부터 왔는지 아닌지 어떻게 알지에 대해 구체적으로 나누려고 한다.

성경적인가?

성경은 우리가 하나님으로부터 일관되게 분명하게 듣기 위한 최고의 도구다. 하나님께서는 성경에 기록된 것을 결코 어기지 않으신다. 우리들 대부분은 삶의 어떤 때에 어떤 상황 속에서 특정한 행동이나 생각이 성경에 어긋나는 것을 알면서도 그 행동을 합리화하려 해보았다. 우리는 "그렇지만 이 상황에서는 선택의 여지가 없어!"라고 말할 수 있다. 그러나 그렇게 해도 되는 '올바른' 상황은 없다는 것을 아는 것이 중요하다. 주께서는 성경에 기록된 것을 결코 어기지 않으실 것이며, 당신이 그렇게 하는 것을 결코 승인하지도 않으실 것이다.

하나님은 결코 하나님 자신의 말씀을 어기지 않으실 것이다. 성경은 모든 피조물을 위한 창조자의 지침서다. 성경은 우리가 어떻게 살아야 하느냐에 대한 매뉴얼이다. 따라서 우선적이다.

하나님의 음성을 듣는 능력이 성장하려면, 하나님 말씀을 공부해야 한다. 혼자서나 다른 그리스도인들과 성경을 공부하여 하나님의 본질과 성품을 알아가야 한다. 어떤 사람이 하나님으로부터 음성을 듣고 하나님이 무엇을 말씀하신다고 나눌 때 들어보면 그 사람이 성경을 열심히 공부하는 사람인지 아닌지 분별할 수 있다. 그들이 하는 말에 많은 성경 구절이 들어 있을 것이고, 하나님의 말씀이 그들에게서 쏟아져 나올 것이다.

또한 그 예언이 그리스도의 성품을 나타내는가? 하나님이 그렇게 말씀하시겠는가? 하나님께서 그렇게 하라고 하시겠는가?

우리가 듣는 모든 음성이 성령의 음성은 아니다. 이 주제에 대한 가장 중요한 본문인 요한일서 4장 1~3절을 보라.

> 사랑하는 자들아 영을 다 믿지 말고 오직 영들이 하나님께 속하였나 분별하라 많은 거짓 선지자가 세상에 나왔음이라 이로써 너희가 하나님의 영을 알지니 곧 예수 그리스도께서 육체로 오신 것을 시인하는 영마다 하나님께 속한 것이요 예수를 시인하지 아니하는 영마다 하나

님께 속한 것이 아니니 이것이 곧 적그리스도의 영이니라 오리라 한 말을 너희가 들었거니와 지금 벌써 세상에 있느니라

다시 말해서, 귀신의 음성이 당신에게 속삭이려 할 수 있으므로, 주의해야 한다. 다시 한 번 말하거니와, 세상의 음성인지, 자기 육신의 음성인지, 혹은 마귀의 음성인지 알려면, 올바른 채널에 귀를 기울여야 한다. 왜냐하면 사탄은 자기가 하나님이라고 말하는 것조차 마다하지 않기 때문이다.

당신은 마귀가 당신을 속일 수만 있다면, 하나님의 이름을 사용하는 것조차 마다하지 않는다는 걸 아는가? 나의 책 『다만 악에서 구하옵소서 Deliver Us From Evil』에서 나는 조해나 미켈슨이라는 여성에 대해 얘기한다. 그녀는 『악의 아름다운 면 The Beautiful Side of Evil』이라는 그녀의 책에서 말한다. 그녀는 뉴에이지 운동을 하면서 "예수"라는 영적 안내자를 가졌었다. 그 "예수"가 그녀에게 와서 온갖 이야기들을 했지만, 그것은 진짜 예수가 아니어서 그 음성은 신뢰할 수 없는 것이었다.[1]

당신이 기도 중에 하나님으로부터 듣고 있다면, 내적 증거를 주셔서 재확인해 달라고 성령께 구해야 한다(이것에 대해선 나중에 더 말하겠다). 스스로 질문해 보라. 그 말이 하나님의 성품과 맞고

성경과 일치하는가?

교제를 추구하라

하나님의 음성을 듣는 사람들을 주변에 두라. 만일 그런 인맥이 없다면, 그런 사람들을 당신의 삶에 데려와 달라고 하나님께 구하라. 당신이 구하면, 하나님이 그렇게 하실 것이다. 나의 여동생이 텍사스에서 미네소타로 이사 갔을 때, 내게 전화를 했다. "언니, 나는 친구가 없어." 우리는 함께 기도했고, 곧 여동생은 많은 친구들이 생겼다. 하나님은 당신이 신뢰할 수 있는 사람들을 보내 주실 것이다. 핵심은 잘 지켜보고 있다가 하나님이 새로운 관계들을 주시면 받아들이는 것이다.

내적 증거: 공명

당신은 공명의 물리적 원리를 잘 아는가? 물체마다 특정 주파수에 진동한다. 예를 들어, 만일 당신이 한 종을 진동시켰는데, 근처의 다른 종이 똑같은 주파수를 갖는다면, 두 번째 종도 그 소리에 진동하고 흔들릴 것이다. 다시 말해서, 다른 물체도 스스로 진동할 것이다. 마찬가지로, 우리가 하나님의 음성을 들을 때, 그것이 성경을 통해서든, 친구의 말이든, 하나님 임재의 "세미한 음

성"이든, 우리는 거기에 공명할 것이다.[2]

예수님께서도 그런 공명(resomance)에 대해 요한복음 10장 27~29절에서 말씀하셨다.

> 내 양은 내 음성을 들으며 나는 그들을 알며 그들은 나를 따르느니라 내가 그들에게 영생을 주노니 영원히 멸망하지 아니할 것이요 또 그들을 내 손에서 빼앗을 자가 없느니라 그들을 주신 내 아버지는 만물보다 크시매 아무도 아버지 손에서 빼앗을 수 없느니라

이 본문에서, 예수님은 예수님의 음성을 듣는 신자들(예수님과 공명하는 자들)과 예수님을 따르지 않는 자들을 구별하신다. 예수님은 요한복음 10장에서 그들을 낯선 사람, 늑대, 도둑, 강도라고 하신다.

주목하라. 이 본문, 그리고 예수님이 하나님을 선한 목자라고 하시는 요한복음 10장에서 양은 예수님의 음성을 듣는다고 말한다.

오늘날 우리에게 그 의미는 예수님이 육체로 우리와 함께하시지 않지만, 우리가 예수님의 음성을 들을 수 있고 그것이 정말 그리스도이신지 확신할 수 있다는 것이다. 그것이 공명이다.

경건한 조언 (Godly Counsel)

어떻게 하나님의 음성을 듣는지 안내해 주고 교정해 줄, 즉 경건한 조언을 해줄 성숙한 신자들로 자신을 둘러싸는 것이 중요할 뿐 아니라, 당신의 "공명판(Sounding board 참고-공명판: 내 이야기를 잘 들어줄 수 있는 사람)"이 될 수 있는 사람들로 당신을 둘러싸는 것이 중요하다. 그들은 동료, 친구, 목사, 배우자, 당신이 신뢰하는 다른 신자일 수 있다. 당신이 공명하는 사람들처럼, 공명판인 사람들은 당신에게 가장 가까운 사람들로서 하나님의 음성을 듣기 위해 당신을 올바른 길에 머물게 해준다. 우리 모두가 지치고 피곤할 때가 있다. 그래서 우리는 경건한 상호점검이 필요하다.

오래 전에 나의 자녀들이 어느 기독교 학교에 다녔다. 당시 그 학교의 많은 사람들은 여자가 리더십의 자리에 있을 수 있다고 믿지 않았다. 그래서 내 사역의 결과로, 나의 자녀들은 괴롭힘을 당했다. 예를 들어, 내 딸이 다섯 살일 때, 그들이 내 딸에게 말했다.

"너의 어머니는 너를 사랑하지 않아."

왜냐하면 내가 한 달에 한 번 주일에 설교했기 때문이었다. 또 어떤 때는 그들이 이렇게 말했다.

"너의 어머니는 무당이야. 아픈 사람을 위해 기도하니까."

그런 어처구니없는 상황 후에, 나는 사역을 중단하기로 결정했고, 그렇게 해야만 한다고 확신했다. 남편 마이크가 일을 마치고 집에 오자마자, 나는 말했다.

"여보, 나는 사역을 그만둘 거야."

처음에 마이크는 충격을 받고 우두커니 서있었다. 그러다 그는 가만히 가방을 내려놓고 나서 말했다. "안 돼." 나는 말했다. "그럴 거야!" 그가 말했다. "안 돼!" 내가 말했다. "그럴 거야!" 놀랍게도, 결국 그가 이겼다. 나는 사역에 머물렀다. 그러나 그때 나는 상처받았고 자녀를 사랑했기 때문에 잘못된 결정을 하기가 아주 쉬운 상황이었다. 마이크가 나를 올바른 길에 머물게 해줄 공명판이 되어주었다.

어떻게 하나님의 음성을 듣는지 공부해 가면서, 이렇게 기도하기 바란다.

"하나님, 제가 신뢰할 수 있는 사람들을 주세요. 목사님, 장로님, 기도 그룹을 주세요. 제 곁에 있을 수 있는 사람들, 친구를 주세요. 제가 뭘 해야 할지 알게 도와주는 점검 그룹을 주세요."

당신은 이렇게 질문할지 모른다.

"신디, 좋은 지침이지만, 큰 그림 속에서 이것이 구체적으로 어떻게 이뤄지는 거죠?"

그것은 정말 좋은 질문이다. 예를 들겠다. 몇 년 전에 내가 새벽 세 시쯤부터 일어나 공부하고서 사역하러 어느 집회에 간 적이 있었다. 나는 네 시간밖에 자지 못한 상태였고 정말로 기도가 필요했다. 그때 나의 여동생이 전화를 했고 내가 운전하는 동안 여동생이 즉시 기도에 들어갔다. 여동생은 그때 나에게 필요한 기도와 격려가 뭔지 정확하게 알았다. 우리는 오랜 세월 동안 서로에게 공명하게 되어 왔기 때문이다.

나는 도움이 필요할 때 서로 전화하는 기도 파트너들이 있다. 우리는 서로 기도한 지 여러 해가 되었고 이제 우리는 서로의 마음과 생각을 알기 때문에 서로에 대하여 목자로부터 듣는 "공동의 귀"를 가지고 있다. 아버지의 음성을 듣기 위한 추구에 있어서 당신은 혼자가 아니다. 당신을 도와줄 사람들이 필요하다. 당신이 구하면 하나님이 주실 것이다.

본 장을 마치면서, 당신 자신의 삶을 생각해 보기 바란다. 주님께 구할 것들을 적어보는 시간을 잠시 갖기 바란다. 어쩌면 내가 말했듯이, 당신도 자신의 삶을 돌아보면서 '나는 상처받았어'라고 생각할 것이다. 내가 그때 아이들의 학교에서 받은 상처와 비슷하거나, 혹은 당신의 상처가 훨씬 더 깊을 것이다(예: 배신, 학대의 트라우마, 자녀의 반항 등). 어쩌면 그 상처는 당신 스스로 초래

한 것이고, 당신은 자신이 큰 실수를 했음을 깨달을 것이다. 그래서 당신은 자신이 하나님의 음성을 정확하게 듣는다고 신뢰하지 않을 것이다. 당신은 하나님의 음성을 이제는 들을 수 없다고 생각할지 모른다. 당신의 잘못된 선택들 때문에 음성이 들리지 않게 되었다고 생각할지 모른다.

그것은 슬픈 일이다. 왜냐하면 하나님은 당신이 하나님의 음성을 듣기를 바라시기 때문이다! 하나님은 당신이 좋은 결정을 하기를 바라신다. 어쩌면 당신은 어떤 큰 결정들을 눈앞에 두고 있을지 모른다. 삶은 일정하지 않다. 특별히 중대한 결정을 할 필요가 없고, 모든 것이 항상 완전하다면 좋을 것이다. 그러나 그런 종류의 완벽함은 우리가 죽어 천국에 가서야 있을 것이다. 왜냐하면 삶은 절대로 완전하지 않기 때문이다. 그러나 우리가 죽음만 생각하고 있을 필요는 없다. 왜냐하면 하나님이 당신에게 생명을 주고자 하시기 때문이다. 하나님의 음성은 진짜고, 하나님의 사랑은 현재적이며, 하나님이 희망을 주신다.

아바 아버지께서 당신을 부르신다. 그 하나님은 당신의 아픔을 보시고 당신과 함께 애통하신다. 당신이 당한 일들이나 당신이 다른 사람들이나 당신 자신에게 한 일에 대해서 말이다. 희망, 용서, 은혜, 사랑이 있다. 늘 따뜻하게 맞아 주시는 하나님의 세미한 음성의 명확함과 위로 속에서 당신이 그것을 느끼기를 하나님이 바라신다.

3장

예언의 목적

예언. 명사: 미래에 어떤 일이 일어날 것이라는 진술… 선지자의 역할이나 직분. 특히 하나님의 뜻과 목적에 대한 영감어린 선포.
〈미리암 웹스터 사전〉

만일 당신이 새로운 그리스도인이거나 하나님의 음성을 듣는 것에 대해 제한된 경험을 가졌다면, 용어를 분명히 정의하는 것이 중요하다. "하나님의 음성 듣기"라는 표현과 상호교환 가능하게 내가 사용해 온 단어는 "예언"이다. 예언은 하나님으로부터 듣고 나서 당신이 들은 것에 근거해 행동하도록 성령의 지시를 받는 것이다.

두 종류의 예언이 있으니, 그것은 개인 예언과 공동 예언이다. 아마 짐작하겠지만, 개인 예언은 한 사람을 위한 것이고(일대일), 공동 예언은 공동체에 주어지는 것이다(교회, 사역단체, 도시 등). 이 책의 목적을 위해, 우리는 개인 예언에 대해서만 말할 것이다. 따라서 여기서 내가 "예언"이라는 단어를 사용할 때는 개인 예언을 가리킨다. (공동 예언에 대해 더 배우고 싶으면, 고린도전서 12~13장을 보라. 두 종류의 예언 모두에 대한 깊이 있는 이야기가 나온다. 나의 책 『내 말을 네 입에 두었노라 The Voice of God』에서 개인 및 공동 예언에 대해 많이 가르치고 있다.)

예언은 두 가지 주요소가 있다. 그것은 '예고(foretelling)'와 '진리선포(forthtelling)'다. 예고는 미래와 관련되며, 현재 너머에서 일어날 사건에 대해 하나님으로부터 듣는 것이다. 진리선포는 현재 (혹은 미래) 상황에 대해 하나님으로부터 듣는 것이다. 예를 들어, 어떤 사람과의 관계를 추구해야 할지 말지 고민할 때, 그것은 당신의 삶에 대한 하나님의 뜻이 아니라고 계시해 주실 수 있다. 그런 경우에 그것은 예고라기보다 진리선포다.

이것은 예언을 매우 간단히 묘사한 것이고, 내가 다른 책들(『내 말을 네게 두었노라』와 Generals International 웹사이트 등)에서 예언의 많은 요소들을 설명했다. 여기서 나의 목적은 깊은 가르침으로 들어가거나 예언의 여러 측면들을 설명하려는 것이 아니다. 다만, 하나님의 음성 듣기를 개관하기 위하여, 예언의 기능들을 살펴보자.

예언의 세 가지 주 기능

예언의 용도나 기능을 설명하는 핵심 본문은 고린도전서 14장 3절이다.

> 그러나 예언하는 자는 사람에게 말하여 덕을 세우며 권면하며 위로하는 것이요.

이것은 무슨 의미인가? 이 핵심 본문에 나타난 세 가지 주 기능을 살펴보자.

덕을 세움

웹스터 사전에 따르면, "덕을 세우다 edify"가 의미하는 것은 "건축하다, 확립하다, 특히 도덕적, 종교적 지식 면에서 훈계하고 개선하다, 고무하다"이다. 헬라어로 "덕을 세움"이라는 단어는 오이키도네로서, 문자적으로는 "집을 건축하다"를 의미한다. 다시 말해서, 예언적 말을 통해서 하나님의 집이 세워질 것이다.

예언의 말은 당신의 덕을 세워야 하고, 당신을 굳건히 건축해 줘야 한다. 하나님이 하시는 말씀은 항상 듣기 쉬운 말씀이라는 말인가? 항상 그렇진 않다. 낡은 집을 리모델링할 때를 생각해 보라. 집을 건축하거나 기존의 집을 리모델링하면, 과정이 느리고, 고통스럽고, (몸과 지갑을!) 소진시킬 수 있다.

자기 집이 없더라도 집을 짓거나 고칠 때 뭐가 필요한지 알 것이다. 나처럼 TV의 집 리모델링 프로그램 팬이라면 그 과정을 알 것이다. 그런데 TV 리모델링 프로그램이 재미있는 점은 하이라이트만 보여 준다는 것이다. 처음에는 1970년대의 낡은 주방을 보여주고 나서, 그 다음에는 짜잔! 아름다운 현대식 주방에 조명이 환하고, 바닥의 무늬가 아름답고, 모든 초현대식 가전제품들이 있다. 그러나 이 "건축" 과정에서 당신이 보지 못하는 것은 낡은 찬장을 뜯어내고, 싱크대를 제거하고, 모두 현대식으로 설치

하는 데 드는 수고다.

영적으로 덕을 세우는 것도 종종 그와 같다. 우리가 원하는 것은 미래가 얼마나 좋을 것인지 말해 주는 예언적 메시지다. 그러나 때로 우리가 영적으로 성숙해서 우리를 위한 하나님의 최선을 잘 감당하려면, 주님께서 우리를 "리모델링" 과정으로 이끄신다. 즉 영적 담을 허물고, 낡은 사고방식을 새로운 사고방식으로 바꾸고, 감춰진 교만을 낮춰야 한다. 그것도 "건축하는" (혹은 덕을 세우는) 작업이지만, 생각만큼 고통이 없지는 않을 것이다.

하나님이 당신에게 뭔가 말씀하신다면, 그것은 당신의 속사람을 세우는 것일 것이다. 그런데 그것은 잘못을 고치라는 말씀일 수도 있다. 예언이 하나님의 사랑을 통한 것이고, 성경적이라면, 당신을 세울 것이고 무너뜨리지 않을 것이다.

한 번은 나의 남편이 꿈을 꿨는데 꿈속에서 예수님이 테러리스트 그룹을 꾸짖고 계셨다. 예수님은 그들이 하고 있는 악한 것들을 말씀하시면서 그들의 테러를 꾸짖으셨지만, 큰 사랑과 다정함으로 하셨다. 예수님의 긍휼 때문에, 꿈속의 테러리스트들은 하나님의 사랑에 완전히 깨졌다.

성경은 하나님의 인자하심이 우리를 회개로 이끈다고 말한다(롬 2:4). 마찬가지로, 예언의 말도 그리스도의 사랑으로 되어야 한다. 그렇다면, 덕을 세워줄 것이다. 그러나 어떤 사람을 향해 신랄한 마음이 있다면, 당신은 예언의 말을 전하기에 적당하지 않다. 먼저 당신의 마음이 깨끗해지기 전까지는 말이다. 당신은 말씀을 전할 책임이 있을 뿐 아니라, 덕을 세우는 방식으로 말씀을 전해야 할 책임이 있다.

경건한 예언의 말은 어떤 일을 하는가? 집을 세워 준다. 주님과의 관계를 세워 준다. 뿐만 아니라, 당신이 주님의 음성을 듣고 주님의 말씀에 근거해 올바로 행동하면, 예언적 뜻을 전해 주고 받아들이는 당신의 능력이 변화될 것이다. 시편 33편 9절은 하나님이 말씀하시매 세계가 존재하게 되었다고 선포한다. 하나님의 예언적 음성에 있어서도 마찬가지다. 하나님은 자녀를 위해 말씀을 창조하시고, 우리는 그 말씀으로 덕이 세워진다. 하나님으로 충만한 말은 뭔가 사람의 심령을 변화시키는 것이 있다.

여러 해 전, 내가 예언하기 시작했을 때는 교회들이 자유 혹은 축사 사역을 막 개발하기 시작했던 때였다. 축사에 대해 우리가 머릿속에 가진 개념은 종종 할리우드 영화에서 온다. 공포 영화에서 귀신들이 사람들을 괴롭히는 것 등도 포함된다. 그러나 실상은 대부분의 시간에, 축사는 조용하고 긍정적인 과정이며, 그것을 통해 개인이 과거의 죄로부터 해방된다.

물론 어떤 때는 귀신의 활동이 나타난다. (예: 기침, 숨이 막힘, 이상한 소리, 바닥에 쓰러짐 등) 그러나 성령의 능력을 통해, 그 상황들은 하나님 나라의 승리의 예들이 될 수 있다. (이 책의 목적은 축사를 자세히 다루려는 것이 아니다. 그 주제에 대해서는 나의 책 『다만 악에서 구하옵소서』에서 자세히 다루고 있다. 거기서 더 자세히 살펴볼 수 있다.)

하나님께서 나에게 교회의 덕을 세우라는 메시지를 주시기 전까지, 축사사역을 하는 교회는 드물었다. 그러나 오늘날에는 수천, 수만 명의 사람들이 각 지역의 축사 사역을 통해 나쁜 습관, 과거의 상처, 죄로부터 해방되고 있다.

1980년대에 하나님께서는 기도 그룹들이 미국과 전 세계에 확산되기를 원하신다고 예언하라고 하셨다. 오늘날의 우리에게는 그것이 이상하게 들릴지 모른다. 왜냐하면 지금은 거의 모든 교회가 기도 사역이나 기도 그룹을 가지고 있기 때문이다. 그러나 1980년대 중반에 하나님께서 내게 그 예언적 메시지를 주셨을 때는 기도 그룹이 있는 교회가 드물었다. 그러나 오늘날에는 교회에 기도 그룹이나 기도 사역이 없는 것이 더 드물다. 뿐만 아니라, 지금은 기도원이나 24시간 기도 할 수 있는 장소들이 많이 생겼다. 그러나 한때는 그런 기도 그룹을 찾아보기가 어려웠다.

내가 1989년에 나의 첫 책 『대적의 문을 취하라 Possessing the Gates of the Enemy』를 쓰고 있었을 때는 중보 기도에 대한 자료를 찾으려 했지만, 그런 책이라고는 딱 한 권밖에 없었다. 만일 중보 기도라는 단어가 생소하다면, 중보 기도는 다른 사람, 상황, 혹은 사건을 위해 "빈자리를 막아서는 것"이다. 에스겔 22장 30절에서, 하나님께서 에스겔 선지자에게 한탄하신다.

"이 땅을 위하여 성을 쌓으며 성 무너진 데를 막아 서서 나로 하여금 멸하지 못하게 할 사람을 내가 그 가운데에서 찾다가 찾지 못하였으므로"

오늘 하나님께서는 영적으로 무너진 데를 막아서서, 남들을 대신해 하나님께 기도를 올리라고 우리를 부르신다. 그런 면에서 중보 기도는 청원 기도와 다르다. 우리 자신의 상황을 위해 기도하기보다, 남들을 위해 기도하라고 부름 받는다. 하나님께서는 교회가 중보에 더 깊이 들어가기를 원하신다는 뜻을 내게 드러내셨다. 그것은 도시들과 나라들을 위한 기도도 포함한다.

그래서 나와 다른 선지자들은 중보자들이 오랫동안 해왔지만 전반적 교회는 막 배우기 시작했던 중보 사역을 표현할 용어를 만들기 시작했다. 예를 들어, 하나님께서는 우리가 "예언적 기도"

와 "중보적 예배"라는 용어를 만들도록 인도하셨다. 하나님께서는 예언적 영역을 사용하셔서 하나님의 교회를 교육하고 교회가 굳건해지도록 덕을 세우신다.

하나님의 새로운 운동과 더불어, 하나님께서는 사람들에게 기름 부으셔서 하나님의 교회에 예언적으로 말하게 하셔서 교회를 고무시키고 굳건해지게 하신다. 새로운 표현들이 만들어진다. 하나님의 말씀은 변하지 않으므로 새로운 진리는 없지만, 진리가 회복되는 것이다. 성경의 진리들이 잊히고 잘 사용되지 않기 때문이다. 왜 그러한 회복의 때가 필요한가? 다시, 성경이 분명히 대답해 준다.

> 이는 성도를 온전하게 하여 봉사의 일을 하게 하며 그리스도의 몸을 세우려 하심이라(엡 4:12)

권면 Exhortation

예언의 두 번째 주요 기능은 권면이다. 웹스터 사전은 "권면"을 이렇게 정의한다. "말이나 조언으로 (어떤 사람에게) 영향을 미치다, 강하게 요구하다." 헬라어로 권면은 파라칼레오 parakaleó로 번역된다. 그리스어를 좀 안다면 그 단어를 알아볼 것이다. 그것은 또한 그리스어로 보혜사 혹은 "돕는 자"를 의미하며, 흔히 성령을 가리킨다. 권면이라는 단어는 격려하고 돕는다는 의미일 수 있다.

하나님께서는 어떤 사람이 고양되고 신앙생활에 용기를 얻도록 권면의 말씀을 주실 것이다. 그것은 예언의 일종이지만, 덕을 세움과는 다르다.

그것을 설명하겠다. 최근에 내가 텍사스 주, 댈러스의 나의 본 교회에서 말씀을 전할 때, 주님께서 권면의 말씀을 교회에 주기 원하시는 것을 감지했다. 그래서 나는 우리 목사님께 회중에게 줄 권면이 있다고 말했다. 나는 예언이 있다고 말하지 않았다. 왜 그런가? 하나님이 나에게 나누라고 하시는 것은 진리 선포나 미래의 예고보다는 사람들에게 기쁨과 희망을 주는 말이라는 것을 알았다.

사탄은 사람들의 삶에 절망을 주고 싶어 하지만, 예언적인 말은 당신을 세워 준다. 희망을 주고, 북돋아 준다.

"봐, 너는 여기 있어! 그러나 거기 머물지는 마. 너는 거기 머물지 않아도 돼. 왜냐하면 내가 이렇게 역사하고 있기 때문이야."

주님의 말씀을 묵상하여, 하나님께서 권면으로 교회를 세우시게 하라. 나는 권면의 은사를 가진 사람들을 좋아한다. 그들은 선량한 사람들이다! 다른 사람들은 삶의 부정적인 면을 보지만, 그들은 긍정적인 면을 본다. 당신이 저조해졌을 때, 그들은 "나는 당신이 해낼 것을 알아요. 하나님이 당신을 도와주실 거예요"라고 말한다. 그들은 천성적으로 당신을 격려한다. 왜 그런가? 그들은 권면자들이고, 고무시키고 격려하는 데 항상 하나님께 사용될 것이다.

덕을 세움처럼 권면도 단순한 격려는 아니다. 때로는 하나님이 원하시지 않는 곳에 우리가 붙박혀 있을 수 있다. 우리가 골짜기 안에 있을 때, 하나님은 우리가 거기 머물기를 원하지 않으신다.

권면은 어떤 사람이 광야에서 편안하다고 하면서 머물지 않도록 격려하는 수단일 수 있다. 그것은 우리의 부르심(혹은 소명)을 성취하지 못하게 막는 덫, 올무, 장애물에서 벗어나도록 하나님이 우리를 조정하시는 방법일 수 있다.

따라서 권면에는 일깨우고 고쳐 주는 요소가 있다. 그러나 하나님의 다른 모든 것들과 마찬가지로, 권면의 목적은 누구의 머리에 죄책감을 쌓으려는 것이 아니라, 그들이 머리를 들어 멀리 보게 하려는 것이다. 즉 하나님이 그들에게 가라고 하시는 곳을 보게 하려는 것이다.

위로 Comfort

우리가 고린도전서 14장 3절에서 보는 예언의 세 번째 기능은 위로다. 헬라어로 "위로하다 혹은 진정시키다"는 파레고리아 parégoria다. 위로와 권면은 비슷한 예언적 기능들이지만, 약간 차이가 있다. 권면할 때는 일깨워 주는 요소가 있을 수 있다. 특히 하나님이 그 사람을 위한 더 좋은 계획을 가지고 계심을 그 사람이 깨달을 필요가 있을 때 말이다. 반면에 위로의 기능은 그 목적이 진정시키고 평화를 주는 것이다. 그 사람이 하나님과의 동행에 있어서 어느 지점에 있든 "길르앗의 유향"을 발라 주는 것이다(참조-렘 8:22).

내가 좋아하는 성경구절에 고린도후서 1장 3~4절이 있다.

> 찬송하리로다 그는 우리 주 예수 그리스도의 하나님이시요 자비의 아버지시요 모든 위로의 하나님이시며 우리의 모든 환난 중에서 우리를 위로하사 우리로 하여금 하나님께 받는 위로로써 모든 환난 중에 있는 자들을 능히 위로하게 하시는 이시로다.

많은 경우 내가 젊은 리더들을 멘토링할 때, 나는 "예언할 때, 그 사람의 영혼의 광야에 대해 말하게 해달라고 구하십시오"

라고 말한다.

하나님이 당신으로 하여금 어떤 사람을 위로하게 하실 때, 하나님께 구하라. "하나님으로부터 한 가지 들을 수 있다면, 이 사람과 무엇을 나누기 원하시는지 말씀해 주세요" 아마도 자주 그것은 그 사람의 마음을 무겁게 짓눌러 온 특정한 사안일 것이다.

그 사람을 위한 "길르앗의 유향", 즉 절실히 필요한 정확한 위로의 말씀을 달라고 하나님께 구하면, 구체적인 표현을 주실 것이다. 그래서 종종 당신의 예언적 위로를 듣고 사람들이 말할 것이다. "어떻게 아셨어요? 당신이 내게 말씀하신 것은 오직 하나님만 아시는 거예요. 당신의 예언적 위로의 말 덕분에, 저는 저를 사랑하시는 하나님 아버지가 계신다는 것을 알게 되었어요."

대부분의 경우에, 위로의 예언적 기능은 직설적이고 단순하다. 가령 어떤 사람의 고통을 분별하여 위로와 평화를 주는 성경 구절을 준다. 다른 때에는 예언이 좀 이상할 수 있다. 최소한 우리에게는 말이다. (하나님께는 그렇지 않겠지만.)

예를 들어, 얼마 전에 내가 애리조나 주, 피닉스에서 사역하던 중에, 한 여자가 단상으로 올라와서 내 앞에 서서 기도를 기다리고 있었다. 나는 그녀를 보고, 돌연 유아들의 노래 "반짝 반짝 작은 별"을 불렀다. 그것은 상당히 이상해서, 내 입에서 그 노래가 나오자, 나는 내가 제정신이 아닌 것 같다고 생각했다. 내가 미치고 있거나 과로한 것이라고 생각했다.

사역을 받으려 하는 많은 사람들 앞에서 나는 노래하고 있었다. "반짝 반짝 작은 별 아름답게 비치네. 서쪽 하늘에서도 동쪽 하늘에서도!" 그러고 나서 갑자기 하나님께서 그 여자를 위한 위로의 말씀을 내게 주셨다.

"하나님이 당신을 사용하셔서 어린이들에게 기쁨을 주십니다."

그녀는 울기 시작했고, 그녀가 진정하고 난 후, 나는 나의 노래가 무슨 의미가 있었는지 물었다. 그녀가 활짝 웃으며 말했다. "예! 저는 절친한 친구와 어린이 사역을 막 시작했고, 우리는 '반짝 반짝 작은 별'을 자주 불러줬어요."

그녀는 "주님, 도와주세요. 저희가 제대로 하고 있는 것인지 알고 싶어요"라고 기도하고 있었다. 그녀와 파트너는 많은 시간과 돈을 사역에 투입했고, 하나님께서는 그녀가 매우 구체적인 위로가 필요하다는 것을 알고 계셨던 것이다.

성령께서 당신을 인도하셔서 사람들을 위로하시게 하는 것을 허락하라. 성령께서 그것을 위해 매일 사람들을 만나게 하신다. 성령을 의지하여 각 사람에게 필요한 것이 뭔지 보여 달라고 성령께 구하라. 어떤 사람을 위해 기도할 때, 그냥 "하나님, 아무개를 축복해 주세요"라고 하지 말라. 만일 그 사람이 손실을 겪었으면, 그들이 어떻게 느끼고 있는지 보여 달라고 하나님께 구하고, 그것과 동일시하라. 예수님이 우리의 고통을 동일시하듯이 말이다. 우리가 다른 사람의 슬픔을 동일시할수록, 하나님께서 위로의 예언적 기능을 사용하셔서 우리에게 말씀하실 것이다. 항상 그렇듯이, 그리스도는 다른 사람의 슬픔 속으로 들어가 사역하는 것에 대해 우리에게 완전한 모범이 되신다.

예를 들어, 신약 성경은 두 번의 경우에, 예수님이 우셨다고 말한다. 한 경우에는, 좋은 친구를 잃은 것 때문에 우셨다(나사로의 죽음: 참조-요 11). 히브리서 5장 7절에서 말한다.

> 그는 육체에 계실 때에 자기를 죽음에서 능히 구원하실 이에게 심한 통곡과 눈물로 간구와 소원을 올렸고 그의 경건하심으로 말미암아 들으심을 얻었느니라.

예수님이 어떤 상황에 대해 애통하셨다고(고통스럽게 슬퍼하셨다고) 말하는 다른 구절들이 있다. 가령 예루살렘 입성 후에 그러셨다(참조-마 21장). 예수님은 십자가 처형이 며칠 후로 다가온 것을 아셨다. 그러나 예수님은 이스라엘 백성을 위로하고자 하셨다. 그들이 위로 받길 허락한다면 말이다. 마태복음 23장에서 예수님이 우신다.

> 예루살렘아 예루살렘아 선지자들을 죽이고 네게 파송된 자들을 돌로 치는 자여 암탉이 그 새끼를 날개 아래에 모음 같이 내가 네 자녀를 모으려 한 일이 몇 번이더냐 그러나 너희가 원하지 아니하였도다 보라 너희 집이 황폐하여 버려진 바 되리라 내가 너희에게 이르노니 이제부터 너희는 찬송하리로다 주의 이름으로 오시는 이여 할 때까지 나를 보지 못하리라 하시니라 (마 23:30~39)

동포 유대인들의 대다수는 예수님을 메시아로 받아들이지 않았지만, 그럼에도 불구하고, 예수님은 그들을 위해 슬퍼하시며, "암탉이 그 새끼를 날개 아래에 모음 같이" 그들을 위로하고 싶다고 밝히셨다.

예수님은 위대한 위로자이셨다. 가령 우물가의 여자에게 자비하셨고(참조-요 4장), 간음으로 붙들린 여자를 위해 교사들과 바리새인들 앞에 일어서셨다(참조-요 8장). 그런 예들과 성경의 수많은 예들에서, 그리스도께서는 주변 사람들의 곤경을 동일시하셨고 위로와 긍휼을 베푸셨다.

예수님이 우리의 허물을 위해 죽으시려고 십자가에 달리심을 허락하셨을 때, 우리의 아픔을 동일시하셨을 뿐 아니라, 오늘도 우리의 아픔을 여전히 동일시하신다. 당신도 그리스도처럼, 다른 사람들에게 하나님의 위로의 예언적 매개자가 되라.

4장

현재 하나님의 음성을 들으려면 당신의 과거를 고쳐라

나는 어려운 환경으로 자랐다.

우리 집은 정말 어려운 환경이었다. 좋은 점은 먹을 것을 달라고 기도할 줄 알게 되었다는 것이다. 그래서 지금도 나는 음식에 대한 믿음이 확고하다! 그것은 1950년대 초의 북부 텍사스였고, 나의 아버지는 신학생이셨다. 그 당시 우리 집에는 여윳돈이 없었다. 아버지는 신학교 등록금을 마련하려고 밤에 일하셨고, 어머니는 집에서 남동생, 여동생, 나를 키우셨다.

어떤 날에는 식탁에 올릴 음식이 아무 것도 없어서 하나님의 공급을 위해 기도했다. 그러자 불운한 일이 일어났다. 세탁기가 고장 났다. 이제 우리는 먹을 것이 없을 뿐 아니라, 손빨래를 해야 할 처지였다.

아버지는 고장 난 세탁기를 고치려 하셨다. 나의 아버지는 뭐든 잘 고치셨다. 수리를 맡길 돈이 없었기 때문에 아버지는 많은 수리 경험을 쌓으셔야 했다. 아버지는 세탁기를 벽에서 밀어냈다. 그러나 우리 집의 마룻바닥은 좀 뒤틀려 있었다. 집 자체가 아예 좀 기울어 있었기 때문이다. 그 당시 우리 집의 상태를 더 정확하게 말하자면, 우리가 그 집에서 이사 나가고 난 후, 그 집은 사용 불가 판정을 받아 무너뜨려졌다. 그것은 바람이라도 한 번 세게 불면 무너질 것 같은 집이었다.

그럭저럭 세탁기가 움직여졌다. 아버지가 뒤틀린 바닥에서 세탁기 다리를 빼내려 헐떡이며 애쓰신 후였다. 아버지가 세탁기를 벽에서 떼어내시고 나서, 우리는 바닥에서 뭔가 초록색으로 젖어 있는 것을 발견했다. 처음에 나는 그것을 보고 싶지 않았다. 낡은 세탁기 밑의 어두운 곳에서 살아온 축축한 초록색 물체를 쳐다보고 싶지 않았다!

그러나 우리가 그것이 뭔지 살펴보니, 십 달러짜리 지폐였다. 그 당시에는 십 달러가 큰돈이었다. 그래서 우리는 낡은 차에 모두 올라타고 동네 슈퍼마켓에 가서 즐겁게 장을 봤다. 아마 계산원은 왜 냄새 나는 젖은 지폐를 받아야 하는지 몰랐을 것이다. 그러나 무슨 상관인가? 우리는 먹을 음식이 생겼다!

지금까지도 나는 하나님이 공급하신다는 교훈을 주신 것에 대해 감사한다. 나쁜 일로 보였던 것, 즉 먹을 음식도 없고 세탁기가 고장 나고 했던 것이 전혀 나쁘지 않았다. 하나님은 그날 밤에 그렇게 역사하셔서 우리에게 먹을 것을 주셨다.

당신은 이렇게 질문할지 모른다.

"신디, 좋은 이야기지만, 그것이 내가 하나님의 음성을 듣기 원하지만, 들을 수 없다는 사실과 무슨 관련이 있죠? 나는 하나님이 말씀하신다고 믿어요. 그렇지만 어떻게 하나님의 주파수에 맞춰야 할지 모르겠어요."

좋은 질문이다. 나의 가족이 삶의 힘겨움 속에서 애쓰고 있을 때, 하나님께서 나에게 말씀하고 계셨다. 맨발의 텍사스 소녀로서 찌그러진 집에서 고장 난 세탁기를 가지고 살던 나에게 말이다. 그리고 그때에도 나는 내가 선택할 수 있다는 것을 알았다. 그런 환경 속에서 하나님을 추구할 수도 있었고, 혹은 삶의 어려움들이 하나님의 음성을 덮어버리게 놔둘 수도 있었다. 당신도 같은 선택권이 있다. 마음을 열어 하나님의 음성을 듣거나, 힘겨운 삶이 하나님의 음성을 덮어버리게 할 수 있다.

부모님의 믿음과 모범 덕분에, 나는 하나님의 말씀을 믿는 법을 배우게 되었다. 내가 건강하고 잘될 수 있다는 것 말이다. 재정적 부가 없었지만, 우리는 친밀한 가족이었고, 부모님은 우리를 극진히 사랑하셨다.

어쩌면 당신의 상황은 나보다 훨씬 더 심할 수도 있을 것이다. 어쩌면 당신은 이혼했거나, 방황하는 자녀 때문에 슬퍼하거나, 파산이나 실직의 가능성에 직면했을 수도 있다. 당신은 질문하고 있을지 모른다.

"하나님, 정말 오늘도 여전히 말씀하세요? 나의 어려움과 고통 속에서도 내가 당신의 음성을 들을 수 있나요?"

대답은 확실히 그렇다는 것이다. 그러나 때로는 금요일 오후의 교통 정체처럼, 많은 장애물들이 우리의 속도를 늦추고, 우리가 목적지에 도달하지 못하게 막는다. 하나님의 음성을 더 잘 들으려 하지만, 때로 우리 삶은 "교통 정체"에 시달린다. 그 교통 정체란 과거의 상처, 후회, 주님의 음성을 덮어버리는 경험들이다.

이 장에서는, 하나님의 음성을 분명히 듣지 못하게 막는 상처와 견고한 진을 살펴보고, 우리가 어떻게 그 장애물들을 극복할 수 있는지 제안하려 한다.

파선

때로 사람들은 마음이 파선한다. 세상에서 보기에는 잘 나가는 것 같더라도, 그들의 심령은 여전히 가난하다. 파선한 사람은 하나님의 음성을 듣기가 더 어려워진다. 구제의 영적 은사가 있는 어떤 사람이 파선하면, 그의 베푸는 능력이 저해된다. 하나님은 그들이 나누고 베풀기를 바라시지만, 그들은 꼼짝달싹 못하는 상태가 되고, 그들의 장점이 그들의 견고한 진(혹은 약점이나 속박)이 되어버린다. 흥미롭게도, 종종 사탄은 우리의 최고 약점이 아니라, 우리의 최고 강점을 손상시키려 한다. 만일 원수가 우리의 최대 강점을 훼손할 수 있으면, 우리의 소명을 방해할 수 있기 때문이다.

바울은 이것을 이해하고서 영적 아들 디모데에게 권면했다.

아들 디모데야 내가 네게 이 교훈으로써 명하노니 전에 너를 지도한 예언을 따라 그것으로 선한 싸움을 싸우며 믿음과 착한 양심을 가지라 어떤 이들은 이 양심을 버렸고 그 믿음에 관하여는 파선하였느니라 (딤전 1:18~19)

당신은 어떤가? 영적으로 파선했다고 느끼는가? 상황이 당신을 이리저리로 내던지고, 폭풍 중에서, 겨우 머리를 물밖에 내밀고 있는가? 사도 바울이 디모데전서에서 파선을 언급한 것이 우연은 아닐 것이다. 사도 바울은 최소한 한 번 직접 파선을 겪었기 때문이다.

사도행전 27장에서, 바울은 로마 황제의 재판을 받기 위해 로마로 가는 배에서 큰 폭풍을 만났고, 모두 다 죽을 뻔 했다. 그러나 주님께서는 바울에게 바울만이 아니라 배에 탄 모든 사람들이 살아날 것이라고 말씀하셨다. 그리고 정말 그들은 몰타 섬 앞에서 좌초되어 섬으로 올라가 안전해졌다.

애석하게도, 많은 사람들이 불운과 상심의 암초에 걸려 있다.

해소되지 않은 상처, 혹은 트라우마가 사람의 내면을 빈곤하게 할 때가 많다. 겉으로는 "부유하고 건강해" 보이지만 말이다. 이 책을 읽은 어떤 분들은 겪어선 안 될 끔찍한 일들을 겪었을 것이다. 당신의 상처가 진짜가 아니라거나, 다만 더 많이 "믿어서" 그 상황에서 벗어나라는 말은 아니다.

영적 파선은 오랜 시간에 걸쳐 천천히 일어나는 미묘한 과정이다. 어쩌면 당신은 신체적 혹은 정서적으로 버림받았거나, 삶의 모든 것, 즉 재정과 관계를 잃었을 것이다. 이제 당신은 영적으로 좌초되어서, 하나님이 선하시다고 믿지 않고, 삶이 전보다 나아질 거라고 믿지 않는다. 혹은 더 이상 아무것도 신뢰하지 않을 것이다.

그러나 하나님이 우리에게 말씀하시는 것은 우리가 큰 기대를 가져야 한다는 것이다. 어쩌면 당신은 더 이상 기대하지 않고, 자신의 삶이 파선했다고 규정할 것이다. 혹은 당신은 도덕적 실패의 경험이 있어서 회개했지만, 가슴에 상상 속의 낙인을 찍고 있을 것이다. 만일 그렇다면, 이제 그 낙인을 떼어낼 때다! 그 글자를 떼어내고 당신은 그리스도 안의 새 피조물이라고 단단히 마음에 새기라(참조-고후 5:17). 예수님이 당신을 너무나 사랑하셔서 당신의 도덕적 죄를 위해 십자가를 지셨다는 것을 인식하라(참조-벧전 2:24). 하나님이 정말로 당신의 삶에 대한 계획을 가지신 다는 것을 확신하라. 당신이 심각한 잘못을 저질렀을 때라도 말이다. 사실 모든 사람이 그렇다.

가장 노련하고 경건한 리더들조차 잘못을 한다. 그러나 대다수 하나님의 용사들은 잘못을 딛고 일어서서, 할 수 있는 한 정리하고, 나머지는 하나님을 신뢰하여 하나님께 맡길 수 있다는 것을 배운다.

당신이 이 책을 읽는 중에도 가지고 있을지 모를 고통을 과소평가하고 싶지 않다. 당신이 가장 사랑했던 사람들에게 배신당한 것은 이 땅에서 가장 고통스러운 경험일 수 있다. 그런 일이 일어나서 당신이 파선했을지 모른다.

그 배반당한 날 이후로, 당신은 하나님의 소명으로부터 돌아서서 하나님이 당신에게 시키시는 일을 결코 추구하지 않았다. 얼마나 슬픈 일인가? "하나님의 은사와 부르심에는 후회하심이 없느니라"(롬 11:29)고 말씀하기 때문이다. NKJV에서는 "하나님의 은사와 부르심은 취소할 수 없다"고 한다.

다시 말해서, 하나님이 당신을 부르실 때, 하나님은 뭔가 하고자 의도하셨다. 하나님은 당신을 사용하기 원하신다. 그러므로 결국은 당신의 선택으로 귀결된다. 당신은 파선 상태로 남아 있기를 선택하겠는가?

많은 책의 저자이자 세계 기도 리더인 C. 피터 와그너 박사는 나의 멘토다. 피터를 내가 가장 존경하는 점 중 하나는 다른 사람들의 지혜를 항상 배우고, 성장하고, 추구한다는 점이다(80대 신자인데도 말이다!). 그리고 피터는 정체되는 법이 없다. 잘못을 하면 회개하고, 최선을 다해 혼란 상태를 정리하고, 나머지는 하나님께 맡긴다. 얼마나 신선하고 격려가 되는가!

하나님이 당신을 "정체상태에서 벗어나게" 하시기를 바라고 기도한다. 어떤 사람이 당신에게 어떤 끔찍한 폭력을 행사했을 수 있다. 혹은 당신이 낙태했을 수 있다.

그러나 그 경험으로인해 큰 고통을 겪었더라도, 하나님이 당신을 사용하셔서 낙태로 슬퍼하는 다른 여성들에게 격려와 치유의 말을 전하게 하실 수 있다.

파선의 한 가지 징후는 어떤 영역에서 영적 성장을 멈추는 것이다. 많은 사람들이 예언하다가 실수해서 다시는 예언을 하지 않는다. 그것은 비극이다. 만일 당신이 예언하도록 부름 받았다면, 배워 가는 과정이 필요하기 때문이다. 그것이 은혜와 자비의 목적이다. 그러므로 우리는 시도하고, 실패하고, 일어나서 다시 시도해도 된다는 하나님의 허락을 받아들여야 한다.

내적 맹세

내적 맹세는 당신이 아픔이나 트라우마의 순간에 의식적으로나 무의식적으로 하는 결정이다.

예를 들어, 목사님께 상처를 받았다면, 그 결과 당신은 맹세한다. "앞으로는 어떤 목사님도 절대로 신뢰하지 않을 거야." 혹은 어떤 관계를 통해 상처를 받고 맹세한다. "앞으로는 어떤 사람도 내게 다시 정서적으로 가까워지도록 허락하지 않을 거야." 사람들이 내적 맹세를 의식적으로 하는 경우는 많지 않지만, 어쨌든 한다. 그 내적 맹세의 씨로부터 수확하는 것들이 있다. "나는 절대 ~하지 않을 거야." "나는 절대 다시 사랑하지 않을 거야." "나는 절대 다시 신뢰하지 않을 거야." "나는 절대 다시 사역을 하지 않을 거야."

잠깐 멈추고 기도하며 되살펴보라. 주님이 드러내 주시는 내적 맹세가 당신의 내면에 있는가? 있다면, 주님의 제단에 바치라. 그렇다. 우리는 모두 산 제물이다. 그래서 우리는 제단에서 기어 나오는 경향이 있다! 그래도 괜찮다. 그 맹세를 당장 내려놓지는 못할 수도 있고, 시간이 걸릴 수도 있다. 그러나 포기하지 말라. 당신 자신의 힘으로 하려고 하지도 말라.

그리스도 안에서 신뢰하는 형제자매가 있으면, 모두 털어놓고 그들의 기도 지원과 점검을 요청하라. 단순하지만 담대하게 도움을 요청하고 다른 사람을 신뢰하는 위험을 감수하는 것이 내적 맹세를 깨뜨리는 것의 한 부분이다. 이 책의 목적은 당신이 하나님의 음성을 더 분명히 듣게 돕는 것임을 기억하라. 내적 맹세를 인식하고 내려놓음으로써, 하나님의 음성을 더 분명히 "듣는 귀"를 갖도록 하는 과정을 시작하게 된다(참조-막 4:9).

내적 맹세를 어떻게 깨뜨릴 수 있는가? 우선, 당신의 내적 맹세가 무엇인지 성령께 보여 달라고 구하라. 하나님을 의식적으로 추구하면서 내적 맹세를 깨뜨리는 이 과정에 들어갈 때, 하나님께서 당신에게 그 맹세들을 계시해 주시기 시작할 것이다.

다음으로, 주님께서 당신에게 계시해 주시는 것들의 목록을 만들라. 그리고 당신이 신뢰할 수 있는 다른 신자를 알면, 당신을 위해 기도해 달라고 부탁하라. 당신은 어떻게 파선하게 되었는가? 당신의 인생의 항해의 바다에서 숨겨진 암초는 어디인가? 당신이 난파했던 위험한 암초는 어디인가?

때로는 당신의 내적 맹세에 대해 주님으로부터 듣는 데 시간이 좀 걸린다. 그래서 우리 인간들은 현실 부인이라는 것을 잘 한다. 우리는 괜찮고 문제가 없다고 생각한다. 그러나 마음 깊은 곳에서는 그렇지 않다는 것을 안다.

목록을 작성하고 나면(목록이 짧을 수도 있고, 길 수도 있지만, 다 괜찮다), 고요한 기도의 장소에 들어가라. 이렇게 기도할 수 있다.

"하나님 아버지, 이 맹세를 예수님의 이름으로 끊습니다. 저를 자유케 하소서. 나에 대해 이 맹세의 힘을 끊습니다."

그리고 나서 반대로 기도하라.

"주님 이제 제가 ~에 대해 믿기를 선택합니다."

다시 말해서, 당신은 자신의 내적 맹세의 경건한 반대를 받아들인다. 그것은 성경의 약속을 받아들이는 것이다.

예를 들어, 당신이 어릴 때 부모님께 버림받아서 권위의 인물을 다시는 신뢰하지 않겠다는 내적 맹세를 했다고 하자. 그렇다면 당신에 대한 하나님의 사랑을 확증해 주는 구절들을 찾으라. 가령 신명기 31장 6절이 그렇다.

> 너희는 강하고 담대하라 두려워하지 말라 그들 앞에서 떨지 말라 이는 네 하나님 여호와 그가 너와 함께 가시며 결코 너를 떠나지 아니하시며 버리지 아니하실 것임이라.

하나님의 말씀에 잠기라.

> 하나님의 말씀은 살아 있고 활력이 있어 좌우에 날선 어떤 검보다도 예리하여 혼과 영과 및 관절과 골수를 찔러 쪼개기까지 하며 또 마음

의 생각과 뜻을 판단하나니(히 4:12)

당신의 목록을 가지고, 모든 부정적인 맹세마다 그 맹세의 반대되는 성경구절들을 적으라(앞에서 신명기와 히브리서의 예처럼).

사탄의 거짓말(즉 당신의 내적 맹세)을 하나님의 진리와 맞교환할 때, 믿음 안에 있기를 더 자유롭게 선택할 수 있고, 방해하는 맹세에서 벗어나 하나님의 음성을 분명히 정확하게 듣고 하나님께서 바라시는 친밀감을 가질 수 있다.

내적 맹세는 우리가 무심코 자신에게 하는 매우 강력한 영적 협약이다. 그것은 언약을 잘못 맺어서 깨뜨려야 하는 경우다. 성령께 당신을 치료해 달라고 간구하고, 우리가 무엇을 구하든지 하나님으로부터 받는다는 것을 기억하라(요일 3:22). 당신의 기대를 하나님께 두라. 하나님께서 치유하시도록 시간을 가지면서 그렇게 할 때, 하나님의 음성을 듣는 길이 당신 앞에 열릴 것이다.

실망

내 삶에서 하나님의 음성을 듣는 데 있어서 최대 장애물은 실망이다.

최근에 나는 삶을 되돌아보며 이렇게 적었다.

"우리가 과거의 실패와 잘못을 어떻게 다루느냐가 우리가 미래에 하나님의 음성을 어떻게 더 분명하게 듣는가를 결정할 것이다."

사실, 우리는 모두 잘못을 저지른다. 우리 중 아무도 완벽하지 않다.

어쩌면 당신은 완벽에 가까울 것이다. 그러나 나는 전혀 그렇지 않다! 내 친구들에게 물어보라(혹은 나의 남편과 자녀들에게 물어보는 것이 더 낫겠다). 이런저런 이유로, 모두가 그들의 삶에 대한 하나님의 뜻을 정확하게 분별하지 못한 적이 있다. 어떤 사람들에게는 "하나님을 놓친 것"이 큰 손상을 초래해서 부정적 여파가 지속된다. 그들은 잘못을 했거나 하나님의 뜻을 들었지만 완전히 "놓쳤다고" 믿는다. 그래서 그들은 마비되어 버린다.

실망이 내적 맹세의 추한 쌍둥이가 된다. 항상 둘은 병행한다. 그러나 우리가 위에서 논했듯이, 과거의 상처와 실망이 우리를 마비시키게 허용하면, 이미 승리를 적에게 양도한 것이다. 대적이 이긴 것이다. 대적이 우리를 소명에서 벗어나게 하면, 우리 삶에 대한 하나님의 계획을 막는 것이다. 인생에서 가장 하기 어려운 일은 싸우고 싶지 않을 때 싸우는 것이다. 당신의 모든 정서적, 영적 에너지가 고갈되어 남은 것이 없다고 느끼는 때가 있는가? 싸우려는 투지가 남아 있지 않을 때, 어떻게 싸울까?

내가 실망하여 고갈된 것 같을 때 의지하는 출애굽기의 놀라운 구절이 있다. 출애굽기 14장에서 이스라엘 백성은 노예생활의 사슬을 마침내 끊어버리고 바로에게서 도망가는 중이다. 그들은 궁지에 몰렸다. 한쪽은 바다요 다른 한쪽에는 바로의 진노가 있다. 그들이 좀 실망했을 것 같은가? 나도 그렇게 생각한다!

그런데 하나님이 홍해를 가르시는 기적 전에 이런 일이 있었다.

> 모세가 백성에게 이르되 너희는 두려워하지 말고 가만히 서서 여호와께서 오늘 너희를 위하여 행하시는 구원을 보라 너희가 오늘 본 애굽 사람을 영원히 다시 보지 아니하리라 여호와께서 너희를 위하여 싸우시리니 너희는 가만히 있을지니라(출 14:13~14)

나는 NIV에서 "너희는 가만히 있기만 하면 된다"고 하는 것이 좋다.

NLT에서는 "그냥 잠잠히 머물라"고 한다. 그것은 커피 머그의 문구 정도가 아니라, 현실이다. 600대의 전차가 굉음을 울리며 당신과 사랑하는 사람들을 이집트의 먼지로 만들려 하는데 "그냥 잠잠히 있을 수" 있겠는가? (나도 그럴 수 없다.) 얼마나 황당

한가! 그러나 바로 그런 수준의 신뢰를 하나님이 우리에게 요구하신다.

요점은 이것이다. 우리 자신의 힘으로는 무거운 짐과 실망을 털어버리기가 불가능할 때도 있다. 그러나 하나님께는 모든 것이 가능하다(참조-마 19:26). 거기에 나타난 아름다움을 보는가? 하나님이 당신에게 임하사, 당신의 상처와 실망을 붙잡으시고, 당신의 마음에서 수술로 제거하기를 갈망하신다. 수술 자국이 남을까? 분명히 그럴 것이다. 아마 큰 자국이 남을 것이다. 그러나 하나님은 당신의 자국을 하나님의 치유의 증거로 삼고 싶어 하신다. 치유되려면, 때로 우리는 먼저 성령의 한결같은 사랑의 손길에 잘려야 한다.

오실 그리스도에 대한 구약의 가장 강력한 예언이 이사야서에 있다. 53장 5절이 말한다.

> 그가 찔림은 우리의 허물 때문이요 그가 상함은 우리의 죄악 때문이라 그가 징계를 받으므로 우리는 평화를 누리고 그가 채찍에 맞으므로 우리는 나음을 받았도다.

학자들은 이사야 선지자가 기원전 700년경에 그것을 기록했다고 추정한다. 즉 예수님의 십자가 사건 700년 전이다. 놀랍지 않은가?

그러나 더 놀라운 것은 누가복음 22장 37절에서 예수님이 "불법자의 동류로 여김을 받았다"고 하신 것이다. (여기서 예수님은 자신에 대한 예언을 언급하신다. 참조-이사야 53장 12절) 우리가 배우는 것, 우리가 엄청난 실망 중에 격려를 받을 수 있는 것은 예수님이 우리 문제에 공감하신다는 것이다. 그러나 예수님은 공감을 넘어서서, 우리가 경험한 것을 예수님도 경험하시고, 예수님이 우리의 동류로 여겨지시며, 고통당하는 것이 뭔지 예수님은 이해하신다.

요컨대, 예수님은 우리의 실망을 "지시고" 우리의 동류(범법자)로 여겨지셨다. 이것은 예수님이 죄인이셨다는 의미가 아니다. 예수님이 세상 죄를 기꺼이 지셔서 우리가 영생을 갖게 하셨다는 의미다.

"신디, 그것이 내 아들이 마약에 중독되었고, 나는 실직했고, 보험 보장이 끝나서 아들이 재활치료를 받을 수 없다는 것과 무슨 상관이 있죠?"

사랑받는 자여, 그것은 당신이 경험하고 있는 끔찍한 실망이나 걱정과 전적으로 상관이 있다. 하나님은 우리 자신만으로는 이 세상의 문제들을 처리할 수 없다는 것을 아셨다. (참고로, 자기는 아무 문제가 없다고 말하는 사람을 만나면, 그 말을 믿지 말라. 그들은 거짓말하고 있거나 현실을 부인하고 있는 것이다.) 예수님의 권면은 우리 혼자 무거운 짐을 질 필요가 없다는 것이다. 예수님이 우리를 도우시고 위로하신다. 뿐만 아니라, 예수님이 우리를 해방하신다.

만일 당신이 성경을 열심히 공부하는 사람이라면, 사람들이 마태복음 11장 29절을 잘못 인용하는 것을 들어보았을 것이다. 이 구절은 예수님이 (삶의 짐의) 멍에를 우리에게서 가져가신다고 말하지 않는다. 이렇게 말씀하신다.

> 나는 마음이 온유하고 겸손하니 나의 멍에를 메고 내게 배우라 그리하면 너희 마음이 쉼을 얻으리니.

예수님은 우리가 예수님의 멍에를 맬 때(예수님과의 관계 속으로 들어가 우리 문제를 예수님께 맡길 때), 우리의 곤한 영혼에 안식을 주실 것이다.

그것이 하룻밤 새에 되지 않고, 모든 실망이 즉시 사라지는 것은 아닐 수 있다(어쨌든 여전히 그것은 멍에다). 그것은 과정이다. 그러나 여하튼 당신 혼자 짐을 지는 것은 아니다.

자기 자신 용서하기

실망이 내적 맹세의 추한 형제라면, 자기 자신을 용서하는 것은 실망과 내적 맹세 모두를 위한 치료제이고, 성령의 능력을 통해 우리에게 주어진다. 지적으로는 우리 대부분이 그리스도를 통해 우리 죄가 용서된다는 것을 안다. 우리 죄를 회개하면 하나님이 우리를 용서하신다는 것에도 동의할 수 있다. 그런데 용서라는 대로 위에 잘 다니지 않는 좁은 길이 있다. 그것은 자기 자신 용서하기다.

용서의 대로와 함께 이 한적한 길을 함께 걷기가 왜 그렇게 어려운가? 왜냐하면 우리는 남보다 우리 자신에게 엄격한 경향이 있기 때문이다. 우리는 남들에 대한 구원과 용서는 기꺼이 받아들이지만, 같은 죄에 대해서, 하나님은 기꺼이 용서하시는데도, 우리 자신을 용서하기가 어렵다! 어떤 면에서 그것은 어리둥절하게 한다. 하나님이 우리를 용서하신다는 것을 받아들이면서도, 우리 자신을 (그리고 때로 다른 사람들을) 마음속에서 용서하지 않고 있다.

내 말을 잘 듣고 오해하지 않기를 바란다. 하나님이 우리를 용서하신 후, 우리가 자신을 용서하지 못하면, 우리는 십자가 선물을 값싸게 만드는 것이다. 우리가 그리스도와의 관계에 들어갈 때, 그리스도께서 우리 모든 죄를 가져가셔서 동이 서에서 먼 것처럼 멀리 던지셨다(참조-시 103:12). 그렇게 함으로써, 그리스도의 은혜가 우리가 한 일에 대한 우리 자신의 실패감과 자기 혐오감을 덮는다. 그것은 단지 외적 용서가 아니라, 내적 용서다. 그가 우리를 용서하셨다. 따라서 우리 자신을 용서할 수 있게 하는 은혜도 우리에게 부어 주실 것이다.

우리가 하나님의 칭의를 받아들이면(즉 우리가 그리스도를 따르기를 선택하여 하나님이 죄 용서를 통해 우리를 의롭게 하실 때), 우리는 하나님의 성화도 받아들여야 한다. 그것은 우리가 그리스도를 더 닮아가는 평생의 목적을 위해 구별되는 것이다. 그 과정의 큰 부분은 하나님의 은혜가 용서하지 않는 마음이라는 가장 어두운 부분에까지 임하도록 허락하는 것이다. 그렇게 할 때, 하나님의 사랑의 목소리를 더 분명히 들을 수 있을 것이다.

때로 우리는 자신에게 그저 이렇게 말해야 한다. "실패 모드에서 일어나 나가!" 당신은 하나님의 음성을 들을 수 있다는 것을 명심하라. 당신이 실수했더라도, 당신의 삶이 그 한 번의 나쁜 선택보다 더 위대하다는 것을 명심하라. 어쩌면 당신의 결정의 여파가 클 것이다. 가령 당신은 이혼했을 수도 있고 중요한 헌신을 철회했을 수도 있다. 그렇더라도, 여전히 로마서 8장 28절을 받아들이는가? 하나님을 사랑하고 하나님의 목적대로 부름 받은 자들에게는 모든 것이 합력하여 선을 이룸을 믿는가?

나는 실수했을 때, 이렇게 말할 때가 많다.

"예, 하나님, 제가 계획A는 놓쳤지만, 계획B는 놓치지 않겠어요."

이 말이 이해되는가? 이런 말이다.

"나는 다음에는 더 잘할 거야. 나의 실패에서 배운 것을 가지고 전진할 거야."

당신은 "그렇게 말처럼 쉽다면야…"라고 말할지 모른다. 책 한 권 읽는 것으로 용서하지 않음의 문제가 반드시 해결되진 않을 수도 있다. 당신은 꼼짝 못 할 궁지에 빠졌다고 느끼고, 자살마저 생각해 봤을지 모른다. 당신은 더 이상 움직이지 못한다. 당신은 마비되었다. 그래서 당신은 항상 뒤돌아보고 있고, 앞을 내다볼 생각조차 하지 못한다.

그것은 무엇을 말해 주는가? 사랑하는 자여, 당신은 모든 것이 합력해 선을 이룬다고 믿지 않는 것이다. 만일 당신이 그런 상태라면, 주님께 믿음 없음을 도와달라고 간구하라. 당신 자신의 힘으로 믿으려 했다가는 실망만 더 쌓일 수 있다. 믿음은 그리스도 안에서 매일 살아가는 자연적 상황을 통해 형성되는 초자연적인 과정이다. 하나님이 우리보다 위대하시며, 우리가 아는 것보다 많이 아시고, 우리가 할 수 있는 것보다 더 좋은 계획을 가지신다는 것을 매일 배움으로써 믿음이 이뤄진다. 눈 깜짝할 새에 갑자기 믿음으로 충만해지는 것은 아니다. 그것이 아니라, 당신의 믿음 수준이 어떻든지, 거기서 당신을 만나 달라고 하나님께 구하라. 내 말을 믿으라. 당신이 주님을 의지하기를 선택하고, 당신의 용서하지 못함을 주님께 맡길 때, 주님이 거기서 당신을 만나 주실 것이고, 심지어 깜짝 놀랄 일을 행하실 것이다.

어떤 나쁜 일이 내게 일어나, 내가 죄책감이나 용서하지 못하는 마음과 씨름할 때, 취할 수 있는 행동이 있다. 나는 소리 내어 말한다.

"진실로, 마귀는 이것이 합력해 선을 이루지 못하도록 막지 못한다. 진실로, 이것으로 끝난 것이 아니다, 진실로, 바로 지금, 하나님 아버지께서 모든 것이 내게 합력해 선을 이루도록 역사하고 계신다는 것이다. 나는 지금 이 순간 믿는다. 하나님 아버지께서 하늘과 땅을 움직이고 계신다. 나는 하나님의 사랑을 받는 자녀이기 때문이다. 하나님이 도우실 것이다. 모든 것이 나에게 더 유익하도록 되어 가고 있다. 그래서 언젠가 이 시험이 간증거리가 될 것이다. 언젠가, 내게 일어난 모든 악한 일들에도 불구하고, 나는 '제가 실수했지만, 지금 보니 그 모든 것이 합력해 나에게 유익하게 되었습니다'"라고 말하게 될 것이다.

시도하라. 작게 한 걸음 떼라. 그렇게 할 수 있다면, 그것이 바로 시작이다.

기억하라. 하나님은 작은 시작을 멸시하지 않으신다(참조-슥 4:10).

5장

하나님의 음성 듣기의 장애물들

그랜드캐니언에 가본 적이 있는가? 만일 가본 적이 없다면, '버킷 리스트'에 넣어보길 강력히 추천한다.

이 '세계적 자연의 경이'를 관람하는 두 가지 방법은 북쪽에서부터 보는 것과 남쪽에서부터 보는 것이다. 누구와 얘기하느냐에 따라 어느 쪽이 좋은지에 대해 논쟁이 있다. 나는 한 친구의 이야기를 들었다. 그는 북쪽에서부터 관람하려고 했는데, 그쪽이 더 멀고, 사람이 별로 없고, 가기 더 어려운 곳이었다.

나의 친구는 그랜드캐니언을 처음 방문하느라 신이 나서 시간을 들여 북쪽으로 가는 길을 조사했다. 그런데 북쪽으로 들어가는 길의 입구에 도착해 보니, 그와 그의 가족을 맞이한 것은 닫힌 문이었다. '북쪽 입구는 봄까지 폐쇄됩니다'라고 안내문이 붙어 있었다.

북쪽이 고도가 높기 때문에 때로 늦가을부터 길이 폐쇄되어 눈이 녹은 봄에야 다시 열린다. 그는 상당히 실망했지만, 그와 가족은 남쪽으로 잘 다녀올 수 있었다(그쪽도 대단히 아름다웠다).

때로 우리의 목표가 막혀서, 우리 삶의 "북쪽"에 도달하지 못한다. 하나님의 음성 듣기도 마찬가지다. 우리의 소명에 도달하는 우리의 능력이 역경, 상처, 삶의 실망 때문에 막힌다.

앞 장과 마찬가지로, 하나님의 음성을 더 분명히 듣지 못하게 막는 장애물들을 집중적으로 살펴보겠다. 그렇게 하면서, 당신의 특정한 삶의 상황들에 관련되는 구체적 해결책들을 향해 이끌어 주시길 기도하자.

기대대로 안 될 때의 실망

내 삶의 어느 한때에 나는 정말 낙심해서 주님께 물었다.

"왜 제가 이렇게 우울하죠?"

그러자 주님이 말씀하셨다.

"너의 우울은 분노가 얼어붙은 것이다."

나는 말했다.

"제가 무엇에 화가 난 거죠?"

주님이 말씀하셨다.

"네 삶이 어떻게 될 것이라고 기대했는데, 그렇게 되지 않았다. 너는 이 나이 때쯤이면, 어떤 일들이 일어날 것이라고 생각했는데, 현재 경제적으로 그렇지 않다. 그래서 너는 화가 났다."

나는 가족들에게 일어났어야 할 일들을 생각해 보았다. 또 나는 내 삶에 대해 세웠던 목표들과 야망들을 생각해 보았다. 그것들을 성취하지 못했기 때문에, 나는 화가 났다. 나의 분노 문제를 해결하려고, 이뤄지지 않은 기대 목록을 작성해 보았다. 그 목록을 살펴보면서, 내가 변화시킬 수 없는 것들이 있다는 것을 깨달았다. 여러 항목에 있어서, 다른 사람들이 내 삶을 결정해준 것들이 있었다. 그 경험들이 나의 가족과 나에게 영향을 미쳤지만, 내가 할 수 있는 것이 없었다. 그러나 나는 그것들을 하나님께 드릴 수 있었다. 나는 내가 속상한 것들을 써서 하나님께 맡겼다.

기대대로 되지 않은 제일 큰 항목은 아버지가 49세에 갑자기 돌아가신 것이었다. 그것이 온 가족에게 지대한 영향을 미쳤다는 것을 상상할 수 있을 것이다. 나의 남동생과 여동생이 특히 영향을 받아서, 여동생은 여러 해 동안 주님을 떠나 있었다. (그러나 다행히 여동생은 나중에 전보다 굳건한 믿음으로 하나님께로 돌아왔다.) 그때 나는 그것 때문에 상당히 속상했다. 나는 생각했다. '주님, 저희는 기독교 가정에서 자랐는데, 어떻게 여동생이 이럴 수 있어요?'

때로 나는 모든 사람과 일을 멀리하고 아버지의 죽음과 여동생의 방황에 대해 울며 애통해야 했다. 울며 애도하는 그 시간은 치유의 시간이었고, 때로 며칠간 눈물이 흘러내리기도 했다. 이 기간을 통해, 나는 성경에 일기를 써서 두고두고 읽곤 했다.

불순종

불순종이 하나님의 음성을 듣는 것이나 예언적 메시지가 성취되는 것을 방해할 수 있다. 예를 들어, 나는 한 커플에게 이러한 예언적 메시지를 줬던 적이 있다.

"주님이 말씀하십니다. '내가 너희에게 더 나은 직장을 주고, 이어서 집을 주겠다.'"

이어서 그 예언의 여러 세부사항들이 있었다.

그 후 곧, 두 사람이 직업을 갖기도 전에, 그들은 돈을 빌려서 집을 샀다. 예측할 수 있듯이, 수입원이 없었기 때문에 그들은 곧 집을 잃었다. 그들은 화가 나서 내게 연락했다.

"그 예언이 이뤄지지 않았어요."

나는 그들에게 그 예언을 다시 들어보라고 권했다(그 당시에는 테이프로 예언을 녹음하고 있었다). 나는 "봐요, 예언에서는 당신이 직장을 가지고 나서, 그 다음에 집값을 낼 수 있을 것이라고 했잖아요. 그 반대가 아니에요"라고 말했다. 요컨대, 그들은 주님이 주신 말씀에 불순종하고 있었다. 그것을 주제넘은 삶이라고 한다.

그런 이유로 나는 예언을 녹음하는 것을 좋아한다. 왜냐하면 예언을 녹음하지 않았을 때는 자신들의 삶을 망쳤다고 원망하고 탓하기 때문이다! 관건은 불순종이 주님으로부터 분명히 듣는 능력을 심각하게 저해할 수 있는 심각한 문제라는 것이다. 아마도 불순종의 가장 극적인 사례로서 주제넘음과 관련된 경우는 사도

행전 5장에서 아나니아와 그의 아내 삽비라의 경우일 것이다. 그들은 예루살렘 교회 교인들이었다.

그들은 땅을 팔아서 교회에 돈을 다 바쳤다고 하면서 사실은 자기들 몫을 챙겼다. 그들의 불순종 때문에 하나님께서 그들을 치셨고, 그들은 죽었다! 이 이야기의 흥미로운 부분은 사도행전 5장 3절이다. 그 부부가 교회를 속였다는 것을 성령께서 베드로 사도에게 드러내셨을 때, 베드로가 말했다.

"아나니아야 어찌하여 사탄이 네 마음에 가득하여 네가 성령을 속이고 땅 값 얼마를 감추었느냐."

우리가 불순종할 때는 하나님으로부터 분명히 듣지 못한다. 그 대신, 아나니아와 그의 아내처럼, 우리는 성령께 거짓말하여 우리 마음을 거짓과 불순종으로 채울 수 있다.

죄

때로 죄 중에 있으면 하나님이 구속의 말씀을 주시지 않는다. 그것은 수수께끼다. 우리는 다 죄인이기 때문이다. 죄가 전혀 없는 것이 하나님으로부터 듣기 위한 전제조건이라면, 오직 예수님만 그렇게 분명히 들으실 수 있을 것이다. 예수님만이 지상에서 유일하게 죄 없는 분이셨기 때문이다.

그런데 생각해 보라. 종종 예언의 성취는 특정한 죄나 사고방식을 순복시킴으로써만 이뤄진다. 다시 말해서, 하나님이 당신에게 말씀하신 것을 실현하려면, 당신의 삶의 특정한 문제나 죄를 다루셔야 한다.

그 완벽한 예가 요한복음 4장에 있다. 예수님이 유대에서 갈릴리로 가시며 사마리아를 지나가실 때, 사마리아는 유대인에게 불결하게 여겨지는 땅이었다. 요한복음 4장 3~4절에서 말한다.

> 유대를 떠나사 다시 갈릴리로 가실새 사마리아를 통과하여야 하겠는지라.

사마리아가 두 장소 사이의 지름길이었다고 할 수 있지만, 예수님이 비 유대인 땅을 통과하도록 하나님의 인도를 받으셨다고 말할 수도 있다.

어느 쪽 해석이 맞든지 간에, 예수님은 여정 중에 수가성의 야곱의 우물에 이르러 물을 마시려 하신다. 거기서 한 사마리아 여자를 만나신다.

사마리아 여자 한 사람이 물을 길으러 왔으매 예수께서 물을 좀 달라 하시니 이는 제자들이 먹을 것을 사러 그 동네에 들어갔음이러라 사마리아 여자가 이르되 당신은 유대인으로서 어찌하여 사마리아 여자인 나에게 물을 달라 하나이까 하니 이는 유대인이 사마리아인과 상종하지 아니함이러라 예수께서 대답하여 이르시되 네가 만일 하나님의 선물과 또 네게 물 좀 달라 하는 이가 누구인 줄 알았더라면 네가 그에게 구하였을 것이요 그가 생수를 네게 주었으리라 여자가 이르되 주여 물 길을 그릇도 없고 이 우물은 깊은데 어디서 당신이 그 생수를 얻겠사옵나이까 우리 조상 야곱이 이 우물을 우리에게 주셨고 또 여기서 자기와 자기 아들들과 짐승이 다 마셨는데 당신이 야곱보다 더 크니이까 예수께서 대답하여 이르시되 이 물을 마시는 자마다 다시 목마르려니와 내가 주는 물을 마시는 자는 영원히 목마르지 아니하리니 내가 주는 물은 그 속에서 영생하도록 솟아나는 샘물이 되리라 여자가 이르되 주여 그런 물을 내게 주사 목마르지도 않고 또 여기 물 길으러 오지도 않게 하옵소서 이르시되 가서 네 남편을 불러 오라 여자가 대답하여 이르되 나는 남편이 없나이다 예수께서 이르시되 네가 남편이 없다 하는 말이 옳도다 너에게 남편 다섯이 있었고 지금 있는 자도 네 남편이 아니니 네 말이 참되도다 (요 4:7~18)

이 강력한 구속의 이야기에서, 사마리아 여자가 그리스도의 예언적 말씀을 통해서 참 생수를 발견했다. 그리스도께서는 그녀가 말하기도 전에, 그녀가 죄 중에 살고 있음을 이미 아셨다. 이 경우에, 하나님께서 사마리아 여자의 간음 죄를 지적하셔야 했다. 그래야 그녀가 과거를 회개하고 미래로 나아갈 수 있었다.

몇 년 전에 내가 한 컨퍼런스에서 사역하고 있을 때, 한 시점에서, 여러 사역자들이 한 남자를 위해 기도하기 시작했고, 그가 해방될 필요가 있다고 말했다. 그러나 별 진전이 없었고 어떻게 그를 해방시켜야 할지 갈피를 잡지 못하고 있었다. 나는 옆에 좀 떨어져 앉아 있었는데 하나님께서 나에게 그 사역자들에게 가라고 하셨다. 나는 그 사람에게 들리지 않도록 옆으로 불러 말했다.

나는 "그는 불륜을 저지르고 있어요"라고 말했다. (나는 때로 무서운 사람이다!) 나는 한 인도자 목사님을 불러내서 말했다.

"절대로 저 사람을 해방시키지 못할 거예요. 그는 불륜 문제를 갖고 있어요. 가서 물어보세요."

그들은 그 사람을 정말 잘 알았지만, 불륜에 대해서는 전혀 모르고 있었다. 그러나 과연 물어보자, 그는 불륜을 시인했다. 나는 그에게 가서 말했다. "당신이 불륜을 행하고 있다고 하나님이 방금 내게 말씀하셨어요." 그러자 그 사람은 깜짝 놀라 얼굴이 창백

해졌다. 나는 말했다. "회개할 준비가 되셨습니까?" 그가 말했다. "예." 그러자 하나님이 그를 완전히 자유케 하셨고, 그는 즉시 불륜 관계를 끊었다.

그 예언의 목적은 하나님이 모든 것을 보고 계시고 그를 아끼셔서 간음으로 소명을 망치도록 허락하지 않으심을 증명하는 것이었다. 우물가 여자의 경우처럼, 하나님이 그 남자의 죄를 먼저 지적하셔서 그가 하나님이 그를 위해 가지신 더 나은 길을 온전히 받아들이게 하셨다.

불신

마가복음에서 아들이 더러운 영에게 시달리는 아버지의 이야기를 생각해 보라. 그 아버지는 고통당하는 아들을 도와달라고 예수님께 절박하게 간청했다. 우리는 마가복음 9장에서 그 이야기를 본다.

> 예수께서 이르시되 할 수 있거든이 무슨 말이냐 믿는 자에게는 능히 하지 못할 일이 없느니라 하시니 곧 그 아이의 아버지가 소리를 질러 이르되 내가 믿나이다 나의 믿음 없는 것을 도와주소서 하더라(막 9:23~24)

이것을 아는가? 흔한 감기처럼, 불신은 우리 모두에게 파급된다.

때로, 하나님이 우리가 뭘 믿을 수 있는지 보여 주시더라도, 우리는 하늘에서 우리에게 말씀해 주시는 것을 믿지 않겠다고 결정한다. 하나님이 말씀하시는 것을 우리가 소유한 믿음과 결부시키는 것이 매우 중요하다. 마가복음 9장의 아버지처럼, 우리의 믿음이 흔들리더라도 말이다. 우리의 비교적 작은 믿음을 하나님의 약속과 결부시킬 때, 놀라운 일들이 일어날 수 있다. 예수님의 사도들조차 작은 믿음의 문제로 고민했던 것을 기억하라. 그러나 성경 속에서 보면 예수님은 제자들이 더 큰 믿음을 갖도록 점점 격려하신다.

예를 들어, 누가복음 17장에서, 사도들이 예수님께 믿음을 더 크게 해달라고 간구한다. 그에 대한 응답으로, 그리스도께서 말씀하신다.

> 너희에게 겨자씨 한 알만 한 믿음이 있었더라면 이 뽕나무더러 뿌리가 뽑혀 바다에 심기어라 하였을 것이요 그것이 너희에게 순종하였으리라(눅 17:6)

만일 하나님이 당신에게 예언적으로 말씀하셨으면, 직접적으로나 다른 사람을 통해서든, 그 말씀이나 약속이 성취되길 바라신다. 당신 혼자서 믿음을 그러모으길 바라실까? 아니다. 성령의 능력과 사역을 통해 당신이 있는 그 자리에서 하나님이 당신을 만나 주실 것이다.

당신 자신은 작은 생쥐같이 느껴지고 당신을 위해 하나님이 제시하신 임무는 압도적이고 무서워 보이더라도, 하나님은 큰 하나님이시고, 당신을 통해 하나님 자신을 나타내 보이실 수 있다. 많은 경우 성령께서 우리를 위해 위대한 일을 행하기 원하시지만, 우리는 그저 말한다.

"나는 못 해요, 나는 못 해요."

그러나 그럴 때야말로 우리는 하나님께서 정말로 우리를 붙잡으시고 인도하셔서 하나님께서 우리 앞에 제시하신 불가능해 보이는 임무를 성취하실 것을 신뢰해야 한다.

당신은 이렇게 질문하는가? "하나님이 못하시는 게 있나요?" 글쎄, 만일 하나님이 당신을 사용하기 원하시는데, 당신이 거부한다면, 하나님은 다른 사람을 찾아 그것을 시키셔야 할 것이다. 그러므로 의심과 불신에 갇혀 있지 말라. 물론 그것은 어려울 수 있다! 개인적인 경험을 말하자면, 나는 이제 의심과 불신이 없다고 생각할 때, 하나님이 나를 새로운 일을 하도록 부르신다. 그래서 나는 그것을 할 믿음의 분량이 없음을 깨닫는다.

그럴 때 나는 주님 앞에 나아가서 그 새 일을 할 믿음의 분량이 내게 없음을 인정해야 한다. 나는 히브리서 11장(믿음 장) 말씀을 가지고 기도할 것이고, 아침 일찍 일어나 성경을 묵상하여 믿음을 공급받을 것이다. 왜 그런가? 왜냐하면 새로운 수준의 믿음을 가지려면, 내 생각과 감정 속에서 전쟁을 해서, 나에게 필요한 믿음의 분량을 가져야 함을 알기 때문이다.

"믿음은 바라는 것들의 실상이요 보이지 않는 것들의 증거"(히 11:1)임을 기억하라. 하나님이 당신에게 시키시는 어떤 것들을 세밀하게 말씀하셨는가? 그러나 그것을 어떻게 할 수 있을지 모르고 있는가? 그럴 때야말로 성령의 인도를 구하며 기도해야 한다. "그것을 어떻게 하죠? 전략을 주세요. 어떻게 해야 할지 보여주세요."

분명히 짚고 넘어갈 것이 있다. 하나님 나라 건설보다 멋진 요트 구입을 믿는 주제넘은 믿음을 말하는 것이 아니다. 하나님은 당신의 인격을 성장시키셔서 무엇을 구해야 할지 알게 하시는 데 관심이 있으시다. 하나님은 당신의 돈보다 당신의 마음에 관심이 있으시다. 그것은 재정의 은사나 부 창출 능력이 없는 사람이 있다는 말인가? 아니다. 하나님이 당신 앞에 무엇을 주시든, 당신을 안내하시고 계획을 주셔서 성취하게 하신다는 것이다. 우리의 역할은 믿음으로 발걸음을 내디디며서 그 임무 성취에 필요한 능력에 부합하는 믿음으로 하나님이 "우리를 성장시키시도록" 허락하는 것이다.

불신은 모르는 새에 은근슬쩍 틈탄다. 그렇지 않은가? 어쩌면 당신은 이 임무를 감당할 자격이 없거나 어떻게 해야 할지 모른다고 생각할 것이다. 그러나 하나님은 아신다. 당신이 가야 할 곳에 당신을 어떻게 데려가실지 하나님은 아신다.

의심이 이기게 하지 말라. 만일 어떤 사람이 예언적 말을 해줬는데 당신에게 불신이 있다면, 그 불신을 정복하는 데 마음과 생각을 기울여야 한다. 당신은 이렇게 기도할 수 있다.

"주님, 예, 제가 그것을 하겠습니다. 저의 믿음의 분량 때문에 고민이 되지만, 저의 불신을 극복하도록 도와주실 것을 압니다. 어떻게 할 수 있는지 보여 주세요."

그러면 하나님이 당신의 삶에 어떤 상황들을 주시고 조정해 주셔서 말씀이 실현되게 하실 것이다.

원망

원망은 당신의 삶에 주님의 말씀이 실현되는 것을 막는다. 하나님이 당신에게 놀라운 예언적 말씀을 주시지만, 앙심과 원망의 죄를 해결하지 않으면, 하나님은 당신이 다음 단계로 나아가도록 허용하지 않으실 것이다. (이건 내게도 해당되는 말이다!) 이해할 중요한 점은 주님께서는 우리가 주님의 성품과 본질 안에 행하는 것을 우리가 세상에서 무엇을 성취하느냐보다 더 큰 관심으로 바라보신다는 것이다. 하나님의 열정은 우리가 외적으로 "성공하느냐"보다 우리의 내면이 어떤가이다. 앞에서 나누었듯이, 하나님은 우리의 인격이 먼저 성공하기를 바라신다.

우리의 성품 함양을 위해, 하나님은 우리 삶에 압박거리들을 주셔서 우리가 하나님께 부르짖게 하신다. 하나님은 우리가 "예, 주님, 주님의 뜻을 막고 있는 게 뭐죠?"라고 질문하게 하신다. 때로 그것은 인격 문제다. 한편 때로는 하나님이 사람들의 인격을 이미 다루셨지만, 사람들이 안이해져서 하나님의 계획을 절반만 따르기도 한다.

예를 들어, 요셉의 형들은 막내 동생에 대한 아버지의 편애를 질투해서 요셉을 구덩이에 던져 죽게 놔뒀다. 요셉이 혹시 그 구덩이 안에서 사는 데 익숙해졌을까? 당신은 어떤가? 당신의 구덩이에 익숙해져서 거기에 장식도 하고 거기 있는 게 편해졌는가? 마음 깊은 곳에서 '그냥 내 삶을 조금 개선하고 말자'라고 생각하는가? '내가 있는 여기서 만족할 거야.' 그러나 하나님께서는 당신에게 국제적 사역자, 선교사로서 "열방을 유업으로 주리라"고 예언적 말씀을 주셨는가?

그러나 당신은 익숙한 구덩이에 갇혀 있는가? 만일 그렇다면, 당신의 구덩이를 디자인하고 있는 인테리어 디자이너들을 해고하라. 당신은 거기서 나와야 한다. 당신은 "좋아요, 하나님께서 제게 말씀을 주셨어요. 그러니 저는 이 구덩이에서 나가겠어요"라고 말해야 한다. 당신의 불신에 직면해, 그것을 하나님께 맡기라. 그리고 당신의 자유의지로 필요한 발걸음을 내디뎌라. 하나님께서 당신을 만나 주실 것이다.

하나님은 아신다!

생각의 제한

앞 문단에서 나눈 구덩이처럼, 우리 생각 속의 상자가 하나님의 뜻을 따르는 것을 방해할 수 있다. 하나님이 우리에게 위대한 일을 하실 것이라는 말씀을 받았지만, 우리는 육면체의 상자에 갇혀 있다. 네 개의 벽은 어려운 환경, 두려움, 불안, 중독이고, 천장은 의기소침, 바닥은 외로움일 수 있다.

마귀가 당신의 삶의 불행한 환경에서 건진 재료로 만든 상자에 당신은 갇혀 있다. 주님의 말씀이 실현되려면, 당신은 그 상자에서 나와야 한다. 그것을 어떻게 할까? 첫째로, 주님을 찾기로 의지적으로 결정하라. 시편 40편을 생각하라. 그것은 다윗 왕이 자신의 상자에 갇혀서 쓴 것이다.

> 내가 여호와를 기다리고 기다렸더니
> 귀를 기울이사
> 나의 부르짖음을 들으셨도다
> 나를 기가 막힐 웅덩이와
> 수렁에서 끌어올리시고
> 내 발을 반석 위에 두사
> 내 걸음을 견고하게 하셨도다
> (시편 40:1, 2)

구약의 모든 위대한 선지자들 중에 다윗만큼 구덩이와 상자의 문제로 고민한 사람은 없을 것이다. 그러나 다윗은 자신의 구덩이를 치장하고 앉아 있지 않고, 구덩이에서 일어났다. 자신의 힘으로가 아니라, 여호와의 힘으로 했다. 그는 "하나님께 부르짖었다." 그는 구덩이에서 벗어나기 위해 의지적으로 발걸음을 내디졌다. 그러자 어떻게 되었는지 아는가? 여호와께서 다윗의 부르짖음을 들으시고 "그의 입에 새 노래를 두셨다"(3절).

1980년대에 젊은 여성이던 나에게 하나님께서 내 삶에 대한 놀라운 것들을 많이 세미한 음성으로 말씀해 주셨다. 그때, 나는 두려움과 위축된 마음에 묶여 있어서, 금식하고 기도하기 시작했다. 나는 "주님, 제 안에 저를 억누르고 있는 게 있으면, 변화시켜 주세요. 제 삶에 주님의 뜻이 이뤄지는 걸 막고 싶지 않아요"라고 기도했다. 그러자 하나님이 놀라운 것들을 보여 주기 시작하셨고, 나는 믿음의 발걸음을 딛기 시작했다. 그것은 나 자신의 상자를 깨뜨리고 나오기 위해 절실히 필요한 것이었다.

영적 전쟁

주님의 음성을 듣는 능력이 자라가면서, 필연적으로 영적 전쟁을 만날 것이다. 영적 전쟁을 간단하게 말하면, 적이 간섭하는 것이다. 한 남자가 아들에게 사탄이 실재한다는 것을 설명하는 이야기는 항상 나를 웃게 한다. 아들은 아버지의 말을 받아들이지 않고 말했다. "나는 마귀를 믿지 않아요!" 그에 대한 반응으로, 아버지가 고개를 조금 숙이고 아들의 눈을 응시하며 말했다.

"괜찮아, 아들아, 마귀는 너를 믿고 있으니까."

이야기만이 아니라, 우리는 정말로 악과 선이 존재하는 세상에 살고 있다. 성경은 사탄이 우는 사자 같이 땅 위를 돌아다니며, 삼킬 자를 찾는다고 말한다(참조-욥 1:7, 벧전 5:8). 그것은 우리가 마귀의 세계를 무서워하며 살아야 한다는 말인가? 아니다. 우선, 우리 안에 계신 이가 세상에 있는 자보다 크시다. 다시 말해서, 그리스도께서 사탄과 그의 어둠의 세력보다 위대하시다(참조-요일 4:4). 둘째로, 그리스도께서 부활을 통해 사탄을 단번에 영원히 물리치셨다. 요한계시록 12장 11절은 그것을 확인해 준다.

> 또 우리 형제들이 어린 양의 피와 자기들이 증언하는 말씀으로써 그 [마귀]를 이겼으니 그들은 죽기까지 자기들의 생명을 아끼지 아니하였도다.

대적이 압박하는 것을 느낄 때, 매일 기도에 힘쓰며 다른 사람들에게도 당신을 위해 기도해 달라고 하라. 그리스도 안의 다른 형제자매들에게 기도를 요청하여 당신이 견디고 있는 특정한 시련이나 환란을 "기도로 통과하도록" 그들이 돕게 하라.

금식을 당신의 삶에서 대적의 견고한 진을 무너뜨리는 수단으로 사용하는 것을 고려해 보라. 간단한 한 끼 금식으로 시작해서

서서히 단계를 높여 가서 이삼일 금식까지 할 수 있다. 뿐만 아니라, 다양한 금식 유형이 있다. 설탕, 텔레비전, 고체 음식(영양 음료는 제외) 등등. 금식을 시작하기 전에 의사와 상의하라. 특히 건강 문제가 있는 경우라면 말이다.

또한 금식에 대해 강력히 추천하는 좋은 책들이 많이 있다. 엘머 타운즈 Elmer Towns의 『금식 기도를 통한 영적 승리』와 젠센 프랭클린 Jentezen Franklin의 『금식』이다.

영적 전쟁에 대한 고전적 본문은 에베소서 6장 11절로서, 하나님의 전신갑주를 입고 마귀의 궤계를 대적하라고 한다. 전신갑주가 무엇인가? 바울이 에베소 교회에 보낸 편지에서 밝힌다.

> 그런즉 서서 진리로 너희 허리 띠를 띠고 의의 호심경을 붙이고 평안의 복음이 준비한 것으로 신을 신고 모든 것 위에 믿음의 방패를 가지고 이로써 능히 악한 자의 모든 불화살을 소멸하고 구원의 투구와 성령의 검 곧 하나님의 말씀을 가지라 모든 기도와 간구를 하되 항상 성령 안에서 기도하고 (엡 6:14~18)

자기기만, 스스로 속임

때로 "나는 누구의 말도 듣지 않아요. 나는 이미 하나님의 음성을 알아요"라고 사람들은 말한다. 그것은 나에게 큰 경고음으로 들린다. 그러면 나는 이렇게 말하곤 한다.

"오, 그대여, 당신은 이미 스스로를 속이고 있어요."

당신 자신은 속지 않는다고 생각한다면, 이미 속은 것이다. 누구든 속을 수 있다. 그래서 우리는 우리를 도와줄 사람들이 주변에 필요하다. 하나님은 우리 주변을 진공 상태로 만들어놓지 않으셨다. 하나님은 일부러 우리가 함께 듣게 하신다.

그래서 성경에서 말한다. "두세 증인의 입으로 말마다 확정하리라." 고린도후서 13장 1절의 이 본문에서 바울은 미성숙과 영적 분쟁으로 유명한 고린도 교회에게 말하고 있다. 왜 바울이 "두세 증인"이 있어야 한다고 말할까? 왜냐하면 바울은 고린도 교인들이 스스로 하나님의 음성을 분명히 들을 만큼 성숙하지 않다는 것을 알았기 때문이다. 그들은 서로가 메시지를 확인해 주고 검증해 주고 테스트해 줘야 했다.

하나님의 음성을 추구하면서 영적으로 외로운 방랑자가 되지 말라. 성장하는 신자, 헌신된 신자가 되려면, 하나님의 말씀에 따라 살고, 성령의 능력을 통해 하나님을 추구하는 자들을 주변에 두라.

나의 책 『대적의 문을 취하라』에서 어느 날 두 여자로부터 전화 받은 이야기를 했다. 한 사람씩 기도 요청하면서 둘 다 "하나님이 제게 '유명한 전도자'와 결혼할 것이라고 하셨어요"라고 했다. 그는 당시 미혼이었다. 나는 첫 번째 여자와 기도하며 말했다. "나는 그것에 대해 예언적 말을 받은 게 없지만, 우리가 같이 주님께 여쭤봅시다." 두 번째 여자에게는 이렇게 말했다. "하나님이 당신들 두 사람 모두에게 이렇게 말씀하실 리는 없어요! 이 설교자는 두 아내를 갖지 않을 거예요. 그렇죠? 일부다처제는 성경을 믿는 예수님의 사람에게 적합하지 않으니까요!"

나는 거기에 뭔가 속임수가 역사하고 있다는 것을 곧 깨달았다. 그래서 나는 한 사람씩 전화해서 말했다. "보세요. 두 사람 다 같은 것을 느끼고 있어요. 그러니 그 갈망을 주님께 맡겨드리고 '주님, 저에게 진짜를 데려다 주세요'라고 할래요?" 기특하게도, 두 여성 모두 동의했다(내가 알기로, 두 여성 모두 그 전도자와 결혼하지 않았다).[3]

외로움

어떻게 주님의 음성을 그렇게 잘못 듣고 완전히 스스로 속는가? 한 이유는 외로움이다. 얘기할 상대가 많지 않으면, 삶이 힘들다. 그렇지 않은가? 나는 많은 독신 친구들이 있는데, 그들의 입장에 많이 공감한다. 함께 과정을 이뤄갈 사람이 없다는 것은 힘들기 때문이다. 한편, 나의 독신 친구들 중에는 독신 생활에 상당히 만족하며, 그것이 그들의 삶에 대한 하나님의 계획이라고 믿는 사람들도 있다. 물론 사도 바울은 영적 영웅의 성경적 모범이며, 많은 학자들은 그가 평생 독신이었다고 믿는다. 그러나 다른 많은 독신 친구들은 배우자를 바라고 기도한다. 때로는 하나님이 배우자를 보여 주시고, 그것은 하나님의 음성이다. 나에게 그런 친구가 있다.

여러 책의 저자이자 설교자인 더치 쉬츠는 미래의 아내 씨씨가 성가대에서 노래하는 것을 처음 보았을 때, 그녀와 결혼할 것이라는 것을 그냥 알았다. 그들은 결혼한 지 30년이 넘었고, 나는 더치를 이렇게 놀리곤 한다.

"당신의 결혼 간증을 젊은이들에게 하지 않는 게 좋을 거예요. 그랬다가는 모두 다 혼란에 빠질 거예요. 다 한 사람을 두고 자기 것이라고 주장할 테니까요!"

그러나 더치의 경우에는 더치가 맞았다. 그러나 더 중요한 사실은 더치가 하나님의 음성을 들을 줄 알았고, 더치가 그것을 분명히 들었다는 것이다. 그것은 우발적 감정이나 반했다가 곧 시들해지는 것이 아니었다. 뿐만 아니라, 더치는 거기서 멈추지 않앉다. 씨씨와 결혼할 것이라고 하나님이 말씀하셨음을 믿었지만, 더치는 여전히 기도하고, 하나님의 말씀을 구하고, 말씀을 확증해 줄 상담을 받았다. 그것이야말로 경건한 지혜의 실행이다.

여러 해 전 내가 텍사스 주 와코에서 국제 어글로 사역에서 가르치고 있었을 때, 한 여자가 말했다. "하나님이 내가 결혼할 거라고 하셨어요." 그러나 주께서 나의 영에 주의를 주셨다. 그녀의 말이 나와 공명을 일으키지 않았기 때문이다("공명"에 대해서는 2장과 6장을 보라.) 나는 물었다. "당신은 이미 결혼한 분이세요?" 그러자 그녀가 말했다. "아, 네."

나는 말했다. "벌써 결혼했는데 왜 또 결혼해야 하죠?" 그녀가 대답했다. "아, 그게 아니고요. 나의 남편이 죽을 거예요."

상상이 될 것이다. 나는 좀 충격을 받아서 물었다.

"남편이 죽는다고요?! 좋아요, 당신이 하나님으로부터 듣고 있다고 생각하세요? 그렇다면 그 상대 남자는 어때요? 그 사람도 이미 결혼한 사람인가요?" 그녀가 대답했다. "예, 그러나 저의 기도그룹이 말하길, 그의 아내가 그의 소명에 반역하고 있기 때문에 그녀도 죽을 거라고 했어요."

그때쯤 나는 말했다. "하나님께 당신의 남편과 그 남자의 아내를 구원해 달라고 기도하는 게 낫지 않겠어요? '그들을 죽여 주세요'라고 하는 것보다 말이에요?" 믿기 어려운 일이지만, 그들은 그런 생각을 하지 못했다! 이 기도 그룹은 너무 자기들끼리 몰두하여 함께 속고 있었다. 그들은 성경에 심각하게 위배되는 것을 모두 다 같이 확신하고 있었다.[4]

기억하라. 만일 당신은 속지 않는다고 생각한다면, 필시 당신은 속고 있는 것이다. 주님과 말씀, 경건하고, 성경을 믿는 친구들과 가까이 머물라. 거기서 건강하고 적절하게 상호 점검을 받을 수 있다.

영혼이 막힘

영혼이 막히는 것은 앞 장에서 다룬 내적 맹세와 비슷한 카테고리이다. 영혼이 막히는 것은 내적 맹세의 결과다. 예를 들어, 나는 목회자의 자녀였다. 그래서 다른 많은 목회자 자녀들처럼, 18세가 되었을 때, 나는 전임 사역자는 절대로 되지 않겠다고 다짐했다. 나는 하나님을 사랑했지만, 교회가 싫었고 사람들에게 상처를 많이 받았다. 그 사람들은 목사님 자녀인 나를 위한 좋은 계획을 가졌다고 생각했지만, 내가 아무리 애써도 그들의 기대를 만족시킬 수 없었다.

핵심을 말하자면, 나는 파선했다. 내가 아홉 살일 때 하나님께서 나에게 복음을 전하라고 하셨다. 그 후에 하나님께서 내게 오셔서 시편 2장 8절을 주시면서, 언젠가 내가 외국에서 복음을 전할 것이라고 말씀하셨다. 그때 나는 하나님을 따르거나 하나님의 말씀을 전파한다는 것이 무엇인지 몰랐다. 내가 18세가 되었을 때, 나는 그 면에서 영혼이 막혀 있었다.

하나님께서 교회에 관하여 나를 치유하셔야 했고, 내게 그렇게 아름답게 역사하셨다. 놀라운 것은 하나님의 타이밍에는 착오가 없다는 것이다. 아홉 살일 때 나는 하나님의 그 예언적 말씀이 무슨 의미인지 감도 잡지 못했지만, 그 씨가 심어졌다. 과정과 타이밍이 있다. 어떤 때는 하나님의 음성을 듣고 즉각 행동할 자리에 있게 된다. 다른 때에는 하나님이 당신에게 말씀하시는 것이 당신의 이해를 초월할 수 있다. 그럴 때 당신은 하나님의 말씀 안에서 "성숙해져야 할" 것이다.

내가 20대 초반으로 성숙했을 때, 나는 그 장면을 그려보았다. 꽃무늬 드레스를 입은 아홉 살의 소녀에게 하나님의 음성이 여름밤에 나무 사이로 부는 바람처럼 부드럽게 속삭인다. 하나님께서 나에게 구애하셨고, 일련의 과정이 필요했다. 하나님께서는 내가 하나님의 부르심을 온전히 받아들이기 전에 내 삶에서 통과해야 할 것들이 있음을 아셨다.

사실 내가 처음 복음을 전파하기 시작한 것은 30세부터였다. 나의 경우에는, 그 예언적 말씀이 실현되기까지 21년이 걸렸다. 하나님이 내가 아홉 살일 때 나를 부르셨고, 열여덟 살에 내가 하나님을 거절했지만, 부르심은 여전했다. 나의 내면 깊은 곳에서 여전히 그것이 공명하고 있었다. 하나님의 부르심은 여전히 의미가 있었다.

내가 배운 교훈은 내가 18세에 그랬던 것처럼 튕겨내는 것보다 하나님의 부르심에 화답하고 호응하는 것이 훨씬 낫다는 것이다. 자신을 잘 살펴야 한다. 특히 만일 당신이 과민하게 거부반응을 보이는 경향이 있다면 말이다. 만일 당신의 영혼이 막혀 있거나, 어떤 것에 대해 지나치게 민감하다면, 한 걸음 물러서서 질문해 보아야 한다.

"왜 내가 이렇게 민감하게 거부반응을 보이고 하나님 안에서 잘 받아들이지 못하지?"

성령의 내적 증거와 우리 자신의 감정적, 정신적 반응이 균형을 이뤄야 한다. 당신의 상처 때문에 하나님이 당신에게 시키시는 것을 받아들이지 못하는 것일 수 있다.

또 나는 내가 여자라서 복음을 전하고 싶지 않았다. 그것은 나에게 또 하나, 영혼을 막는 요소였다. 왜냐하면 내가 자란 문화

속에서는 여자가 설교하면 눈살을 찌푸렸다. 그래서 나는 그냥 주일학교 교사나 예배 인도자가 되기 원했다. 나는 예배 인도자와 피아노 연주자로서 경험을 많이 쌓았고, 음악 교육으로 학사, 석사 학위를 받았다.

전 세계로 다니며 열방에 복음을 전하는 것은 내가 가장 하고 싶지 않은 일이었다. 나는 그것을 두고 하나님과 씨름했고, 주님과 나는 크게 다퉜다. 그것은 주님의 말씀임이 분명했다. 그런데 문제는 하나님이 내게 하라고 하시는 것을 나의 의지는 하고 싶어 하지 않았다는 것이다. 그런 일이 당신에게 일어난 적이 있는가? 하나님께서 당신에게 뭐라고 말씀하시는데, 당신은 "다른 사람을 찾아보세요. 다른 여자를 알아보세요"라고 하는가?

나는 큰 고민과 불행한 느낌의 시간을 통과해야 했다. 하나님이 당신에게 뭘 하라고 하시면, 하는 것이 좋다. 쉬운 길이든 어려운 길이든 조만간 어차피 하게 될 것이다. 왜냐하면 그가 하나님이시고 당신은 아니기 때문이다. 정말 그렇다. 나는 고민했다. 왜냐하면 하나님의 말씀은 나에게 복음을 전파하라는 것이었기 때문이다. 그러나 내가 아는 여자 설교자는 아무도 없었다. 그래서 그 말씀이 훨씬 더 어려웠다. 여자 설교자가 되는 것에 대해 아무하고도 상의할 곳이 없었다. 그래서 나는 큰 고민에 빠졌다.

그러고 나서 나는 남편에게 시달리게 됐다. (물론 남편이 사랑으로 그렇게 했지만, 그 당시에는 나는 남편 마이크 때문에 힘들었다!) 그는 계속 갈라디아서의 구절을 내게 말했다.

남자나 여자나 다 그리스도 예수 안에서 하나이니라(갈 3:2)

마이크가 계속 말했다.
"하나님은 당신이 메시지를 전하기를 바라셔."
나도 계속 말했다.
"아니야, 마이크. 하나님은 당신이 전하기를 바라셔. 당신은 남자고 나는 여자야. 잘 정리하자."
한동안 나는 아이들을 밤에 재우고 나서 걸어 다니며 울었다. 그 말씀이 계속 들렸다. 그것은 하나님이 당신에게 말씀하시는 한 방법이다. 하나님은 거듭해서 같은 것을 말씀하신다. 정체 상태 속에서 그것이 계속 들린다. 내가 들은 것은 이랬다.
"신디, 나는 네가 열방에 복음을 전하기를 바란다. 전 세계로 다니며 복음을 전파하기를 바란다."
나는 텍사스 주의 작은 마을 웨더포드에 살았고, 전 세계로 다니며 복음을 전파하는 데 관심이 없었다. 그러나 같은 구절이 계속 눈에 들어왔다.

> 내게 구하라 내가 이방 나라를 네 유업으로 주리니 네 소유가 땅 끝까지 이르리로다(시 2:8)

나는 거기서 벗어날 수 없었다.
마침내, 새벽 2시경에, 나는 무릎 꿇고 말했다.
"주님, 왜 여자인 저를 원하세요? 왜요?"
그러자 주님이 말씀하셨다.
"나는 나의 예언을 성취하려고 한다."
나는 불량한 태도로 대답했다.
"어떤 예언 말씀이세요? 하나님이 주신 예언이 많잖아요!"
그러자 주님이 말씀하셨다.
"마지막 때에 내 영을 나의 아들딸에게 부어주리라. 나는 여자들이 필요해! 나는 너를 선택해." (하나님은 내게 요엘 2장 28절로 말씀하셨고, 그 구절은 능력이 크다.)

오, 하나님은 매우 논리적이시다! 그러고 나서 하나님은 그 성경 구절을 나에게 적용하신다. 상상이 되는가? 나는 우리의 낡은 벨벳 소파 옆에 무릎 꿇고 주께 손을 들고 말했다.

"주님, 알겠어요. 전 세계 곳곳에 복음을 전하는 일에 제 삶을 바칩니다. 주님, 제가 여기 있습니다. 저를 보내 주세요."

하나님은 당신이 하나님이 뜻대로 사용하시도록 자신을 내어 드리기를 바라신다. 하나님이 어떻게 이 작은 여자인 나, 두 어린 아이의 엄마로서 인구 1만 2000명의 작은 마을에 사는 나를 전 세계로 보내 복음을 전파하게 하신단 말인가? 어떻게 그것을 하실 수 있는가? 나는 그저 말하면 된다. "주님, 제가 여기 있습니다." 하나님은 아홉 살 때 내게 주셨던 그 말씀을 성취하기를 원하셨다.

때로 예언의 말씀이 임했는데, 그것이 당신의 패러다임을 능가하는 것일 수 있다. 어떤 사람들은 하나님이 당신이 모르는 것은 말씀하지 않으실 것이라고 생각한다. 그렇지 않다! 예언의 말씀은 진리를 선포한다. 때로 하나님이 당신의 소명에 대한 어떤 것들을 말씀하시는데, 그것은 당신이 도무지 이해하지 못할 경우가 있다. 왜 이해하지 못하는가? 왜냐하면 당신의 지정의 속에 그것을 막는 것이 있기 때문이다. 영혼이 막혀 있기 때문이다.

하나님은 당신을 위해 특별한 계획을 가지시며, 그것은 당신 내면 깊고, 깊은 곳의 아주 작은 씨로 시작된다. 그러나 아무리 작아도 그것은 소명이며 자랄 것이다. 그러려면 우리는 하나님이 역사하시도록 허락해야 한다. 나에게처럼 당신에게도 그 일이 일어날 것이다. 하나님께서 오랜 세월 동안 잠자 온 예언을 이뤄주실 수 있다. 당신이 마침내 그것을 보고, 믿고, 움직일 준비가 될 때까지 하나님은 기다려오신 것이다.

사랑하는 자여, 성령께서는 하나님의 뜻이 무엇인지 당신에게 알려 주시는 데 매우 관심이 있으시다. 우리의 꿈과 갈망을 내어드리고, 내 영혼의 막힌 부분을 하나님께 굴복시킬 때, 성령께서 역사하실 수 있으시다.

6장

어떻게 예언의 진위를 확인하고
그것에 따라 행동할 것인가

하나님의 음성을 정확하게 듣고, 하나님께서 말씀하시는 것에 근거해 행동하는 능력이 성장하는 것은 멋진 일이다. 이 짧은 책의 개념들이 그런 면에서 당신에게 도움이 되기를 바란다. 그러나 하나님 아닌 다른 누군가가 당신에게 예언적으로 말하는 것일 때는 어떻게 할까? 어떤 사람이 당신에게 주는 예언이 하나님으로부터 온 것인지 아닌지 어떻게 아는가? 그것은 꼭 알아야 할 정말로 중요한 것이다. 왜냐하면 만일 하나님이 당신에게 말씀하시는 것이라면, 당신은 행동하고 싶지 않겠는가? 당신은 하나님이 그 사람을 통해 말씀하시는 것에 협조하고자 할 것이다.

모든 사람이 주님으로부터 분명하고 정확하게 듣는다면 좋을 것이다. 그러나 우리가 앞의 두 장에서 보았듯이, 우리는 깨진 인간이라서, 100% 정확하게 듣지 못할 때가 있다. 즉 우리는 방어책이 필요하다. 그것은 우리를 점검해 주고, 어떤 말씀이 하나님으로부터 온 것인지 아닌지 확실히 판별하게 해주는 수단이다. 예를 들어, 때로는 예언적 메시지의 일부만 주님으로부터 온 것이고, 전체가 다 그렇지는 않다. 설령 예언하는 자가 "여호와께서 이렇게 말씀하십니다"라고 끝맺더라도 말이다.

그렇다면 우리는 예언의 말씀을 어떻게 테스트할까? 분명히 알 것은, 말씀을 테스트하는 것이 성경적이라는 것이다. 데살로

니가전서 5장 21절에서 말한다.

"범사에 헤아려(Test all things.) 좋은 것을 취하고."

어떤 사람들은 예언을 어떻게 테스트할지 모른다. 그래서 상처를 받는다. 그래서 그들은 어떻게 된 건지 의아해하고, 더 나쁜 것은 정작 하나님이 정말로 말씀하시는 것에는 등을 돌려 버린다는 것이다.

어떤 사람이 우리에게 줄지 모를 예언적 말씀을 확증하는 방법들을 살펴보자.

그 예언이 성경적인가?

하나님과의 동행에서 성경은 우리의 기준이다. 2장에서, 우리는 당신이 듣고 있는 것이 하나님으로부터 온 것인지, 아니면 다른 원천에서 나온 것인지 알기 위한 방법들을 논했다. 다른 사람을 통해 하나님으로부터 듣는 것에도 비슷한 원리들이 적용된다.

우선, 그 예언이 정말로 성경적인가? 하나님은 결코 하나님의 말씀을 어기지 않으신다. 결코. 하나님의 성품과 본질에 어긋나는 것을 하라고 하지 않으신다. 그러므로 성경을 잘 공부하여 하나님의 말씀이 뭐라고 하는지 아는 것이 중요하다.

내가 아는 한 선지자는 오류에 빠져서, 여자들에게 예언하면서 옷을 벗게 했다. 어떻게 그 여자들을 그렇게 확신시켰는지 나는 감도 못 잡겠다! 그들은 아마 그냥 생각했을 것이다.

"이 사람은 선지자고 하나님의 사람이니 그를 신뢰해야 해."

물론 그것은 당연히 비성경적인 생각이다.

그 사건들에 대해 알기 전에, 남편 마이크와 내가 그 선지자의 예언적 말을 읽은 적이 있다. 그가 이런 말을 한 적이 있다.

"그리스도의 몸이 여자의 벗은 몸처럼 보입니다."

마이크와 나는 외쳤다.

"뭐? 잠깐, 멈춰! 하나님이 남자 선지자에게 옷을 입지 않은 여자를 보여주실 리가 없어."

어떤 것은 상식이다. 하나님은 당신에게 죄짓게 하는 것을 보여주지 않으실 것이다.

우선 무엇보다도, 그 예언적 말이 성경적인가?

열매가 있는가?

두 번째 열쇠는 예언을 하는 사람의 삶에 어떤 종류의 열매가 맺히고 있느냐 하는 것이다. 물론 때로는 어떤 집회나 컨퍼런스에서 예언적 말을 하는 사람에 대해 잘 모를 것이다. 따라서 그 삶의 열매를 아는 것이 불가능하므로 그들이 주는 말의 열매를 테스트해 보아야 한다. 당신에게 주어진 말을 가지고 기도하면서 갈라디아서 5장 22~23절을 생각하라.

> 오직 성령의 열매는 사랑과 희락과 화평과 오래 참음과 자비와 양선과 충성과 온유와 절제니 이같은 것을 금지할 법이 없느니라

그 예언이 이런 열매들을 맺고 있는가?

자연적인 면에서 신뢰할 수 없는 사람을 통해 하나님이 말씀하실 것이라고 신뢰할 수 있겠는가? 아니다. 말하고 나서 자기 말을 지키지 않는 사람인가? 그들의 인격은 어떤가? 만일 하나님이 그들에게 하나님의 말씀을 맡기신다면, 그들은 삶의 모든 면에서 신뢰성이 있어야 한다. 우리는 "예"와 "아니오"를 분명히 하고, 훌륭한 인격과 성경적 윤리를 갖추도록 해야 한다. 당신에게 예언적 말을 주려 하는 사람도 마찬가지다.

"완벽한 삶"을 살지 않는 한, 그 사람의 예언적 말을 믿거나 신뢰하지 말아야 한다는 것인가? 아니다. 우리는 모두 타락한 피조물들이다. 내가 말하려는 요점은 예언과 그 원천을 테스트하

고, 나머지는 성령께 맡기라는 것이다.

말씀을 오염시키는 것이 있는가?

이 사실을 받아들이자. 우리는 하나님이 이 땅 위에서 하나님의 손발로 택하신 부족한 그릇들이다. 우리는 다면적이고, 불완전하고, 좋은 날과 나쁜 날이 있는 감정적인 존재들이다. 우리는 다른 사람이 우리에게 준 말씀을 측정할 때 이 현실을 고려해야 한다.

예를 들어, 종종 예언적 말을 주는 사람이 우리의 오랜 친구나 지인일 경우가 있다. 어떤 사람의 과거를 알다 보면, 그 아는 바를 넘어서지 못할 수 있다. 그들은 그 사람의 큰 실패나 몇 년 전의 도덕적 잘못만 알고, 그 사람이 회개했고 하나님과의 삶을 돌이켰다는 것은 모를 수 있다.

위험한 것은 예언하는 사람이 하나님의 지식보다 인간 자신의 지식으로 예언하는 것이다. 이해되는가? 그렇게 된다면, 주어진 예언적 말이 파괴적이거나 분노한 것일 수 있고, 하나님이 정말 말씀하시려는 것을 훼방할 수 있다. 그런 말을 테스트하는 최선의 방법, 당신에게 주어졌지만 왠지 "아닌 것 같은" 말씀을 테스트하는 최선의 방법은 하나님의 지혜를 구하는 기도를 하고서 당신의 전 역사를 아는 신뢰하는 친구들과 나누는 것이다. 그러면 결국 하나님의 진리가 드러날 것이다.

> 당신 안에 성령이 계심을 결코 잊지 말라. 우리를 회개하게 하는 것은 사랑이라는 것을 기억하라(롬 2:4)

예언자가 비판적이거나 판단하는가?

비판의 영이 예언에 틈탈 수 있다. 긍정적인 것보다 부정적인 것에 초점을 맞추면 그럴 것이다. 그러한 부정적 접근은 해롭고 인간의 영에 상처를 줄 수 있다. 어떤 사람이 하는 말이 주님으로부터 온 것이라고 하지만, 당신의 인성을 훼손하고 공격할 수 있다는 것을 아는가?

시편 23편은 다윗의 가장 사랑하는 시편일 것이다. 3절에서 다윗이 그가 내 영혼을 소생시키신다고 말한다. 우리 하나님은 회복시키시는 하나님이시다. 당신의 영혼을 손상시키는 예언적 말을 받는다면, 당신은 그것을 점검해 보아야 하며, 하나님께 진리만 걸러내 달라고 구해야 한다. 다시 말하거니와, 메시지의 일부는 정말 하나님으로부터 왔지만, 전부는 아닐 수도 있다. 예언적 말은 당신을 북돋고, 위로하고, 고양시켜야 한다. 당신을 해치지 말아야 한다. 진정한 예언적 말은 잘못을 깨우치거나 잘못을 지적할 수 있지만, 항상 회복시킨다.

성령의 내적 증거가 있는가?

우리가 그리스도께로 회심할 때 성령을 받으므로, 우리는 우리 안의 성령의 음성을 신뢰할 수 있다. 하나님이나 성경 아닌 다른 원천으로부터 예언적 말을 받을 때, 그것을 하나님께 맡기고 성령께서 공명을 주시기를 구해야 한다. 이것을 2장에서도 얘기했지만, 여기서도 그것은 매우 적절하다.

나에게는 요한복음 14장이 성경 전체에서 가장 감동적인 장이다. 최후의 만찬 후, 예수님이 제자들을 위로하시며, 예수님이 아버지께로 가실 불가피한 때를 위해 대비시키셨다. 그리스도께서는 곧 떠날 것을 아시고서 그들을 이렇게 격려하신다.

> 내가 아버지께 구하겠으니 그가 또 다른 보혜사를 너희에게 주사 영원토록 너희와 함께 있게 하리니 그는 진리의 영이라 세상은 능히 그를 받지 못하나니 이는 그를 보지도 못하고 알지도 못함이라 그러나 너희는 그를 아나니 그는 너희와 함께 거하심이요 또 너희 속에 계시겠음이라 (요 14:16~17)

나는 이 본문을 읽을 때마다 감정이 울컥해진다. 사랑이 넘치는 친밀한 애정 표현으로 예수님이 사랑하는 자들에게 확신을 주신다. 요컨대, 예수님의 말씀은 예수님이 떠나셔야 하지만, 성령께서 그들과 함께 하실 것이라는 것이었다. 친구들이여, 그것은 우리의 확신이기도 하다. 성령께서 정말로 당신을 아시고, 당신과 함께 거하시고, 당신 안에 거하실 것이다. 당신은 성령께서 말씀을 해석해 주시고 다른 사람이 주는 예언적 말의 진실성을 분별하게 도와주실 것을 신뢰할 수 있다.

외적 증거가 있는가?

우리가 이미 논했듯이, 하나님은 하나님의 말씀을 두세 증인의 입으로 확증하게 하실 것이다(참조-고후 13:1). 정말로 숫자로 확증된다. 그리스도께서도 그렇게 확인해 주신다.

> 두세 사람이 내 이름으로 모인 곳에는 나도 그들 중에 있느니라(참조-마 18:20)

하나님이 사랑의 질투하시는 하나님이시므로 하나님의 말씀을 가지고 계속 우리를 찾아오실 것이다. 만일 당신이 예언을 처음에 받아들이지 않으면, 두 번째로 보내실 것이다. 가까운 친구나 성경, 하나님의 음성, 당신의 삶의 상황들을 사용하실 수 있다. 확신하라. 하나님은 말씀을 다시 보내실 것이다. 하나님은 목소리가 크셔서 당신에게 거듭 말씀하실 것이다. 물론, 때로는 하나님이 말씀하시려는 타이밍이 있다.

마이크와 내가 결혼해서 함께 사역을 하는데 똑같은 식으로 보지 않을 때가 있다. (아마 이것은 당신에게 충격적인 사실이리라) 때로 우리는 리더들로서 서로 합의가 이뤄지지 않아서 이사회와 상의해야 한다. 우리를 위해 기도해 줄 것이라고 신뢰하는 사람들이 있기 때문에 우리는 종종 그들과 상의해서 우리가 올바른 길로 갈 수 있게 한다.

이것은 매우 실용적이고 우리가 올바로 서있을 수 있게 해줬다. 주님께서 우리에게 말씀하셨다.

"만일 너희가 권위 아래 순복하면, 큰 권세를 가질 것이다."

조언을 구하고, 동행하며 당신이 받은 말씀을 확증해 줄 사람들을 발견하라.

이것이 나의 가정에 해가 될 것인가?

하나님이 당신에게 예언하실 때는 당신의 가정을 해칠 것을 하라고 인도하지 않으실 것이다. 만일 하나님이 당신에게 어떤 것을 하라고 부르시는데, 당신이 배우자와 자녀가 있다면, 하나님이 그들에게도 역사하시고 그들을 준비시키실 것이다.

하나님께서는 하나님의 음성을 공동으로 듣게 하신다고 말한 것을 기억하는가? 전에 우리는 이렇게 알았다. 한 배우자가 다른 배우자를 끌고 가고, 둘 모두가 함께 하나님의 음성을 듣지 못하거나, 선교사가 가족을 선교지에 데려갈 때, 가족이 울고불고 난리를 피우는 일이 일어난다.

그러나 나는 믿는다. 하나님이 은혜를 베풀어 주셔서, 우리가 기도할 때, 남녀노소를 막론하고 가족 모두에게 말씀하실 수 있다. 우리 자녀가 어릴 때 이 원리를 더 잘 이해했더라면 좋았을 것이다. 왜냐하면 나는 우리가 가족으로서 하나님의 비전을 함께 꿈꾸어야 한다고 믿기 때문이다. 물론 하나님이 당신과 배우자에게 시키시는 것들 중에는 자녀의 성숙 수준으로 이해하지 못할 것도 있을 것이다.

그래도 당신 혼자 결정하고 자녀들도 동참하게 하는 것보다, 그리스도처럼 북돋아 주는 사랑의 방식으로 접근할 수 있다. 우리 아이들을 불러 이렇게 말했더라면 좋을 것이다. "하나님이 우리에게 이렇게 말씀하시는데, 함께 기도해 볼까?"

하나님이 우리 가족 단위를 어떻게 사용하기 원하시는지에 대해 우리의 생각을 넓힐 필요가 있다. 내 삶에 대한 하나님의 부르심에 내가 반역한 한 이유는 중요한 결정 때 나의 의견이 중요하게 여겨지지 않는다는 느낌 때문이었다. 어릴 때 아버지가 말씀하시곤 하셨다.

"우리는 다른 교회로 갈 거야. 다른 곳에서 온 요청을 받아들였어. 차에 타라. 우리는 짐을 싸서 이사 갈 거야."

나는 그런 갑작스러운 전환을 잘 처리할 시간이 없었다. 그냥 짐을 싸서, 친구들과 작별하고, 다른 동네로 가기가 쉽지 않았다. 아버지가 하나님의 음성을 들었고 주님이 아버지를 다른 목회지로 부르셨다고 믿었는가? 그렇다. 그러나 이사를 자주 다니기는 어려웠다. 특히 내가 그 결정에 배제된다고 느낄 때 말이다. 내 말을 오해하지 말라. 나는 지원해 주는 훌륭한 부모님을 뒀다. 내가 오늘날 이 사역을 할 수 있는 것은 부모님이 그런 확신과 지원을 나에 대해 베풀어 주셨기 때문이다. 그러나 나의 가족은 하나님이 공동체로 역사하신다는 것을 몰랐다.

당신의 가족이 큰 이동과 결정을 당신과 함께 처리할 시간을 주라. 가능하다면, 여러 가지 것들을 기도로 헤쳐 나갈 시간을 허락하여, 하나님이 주변의 관계들에 온전히 역사하시게 하라.

만일 하나님이 당신에게 예언적 말씀을 주셨다면, 하나님이 당신뿐만 아니라, 당신을 아끼는 주변 사람들에게도 말씀하신다는 것을 알아야 한다. 마이크와 나는 댈러스 외곽, 트리니티 교회의 짐 헤네시 목사님의 권위 아래 있다. 우리는 크고 작은 결정들을 자주 그와 상의한다. 우리가 출장 중일 때조차 자주 그에게 전화한다. 하나님이 우리 부부에게 큰 권세를 주신 것은 우리가 겸손히 그런 식으로 도움과 조언과 기도를 요청했기 때문이라는 것을 알게 되었다.

예언의 타이밍을 분별하라

당신이 받은 예언을 테스트할 뿐 아니라, 예언의 타이밍을 분별해야 한다. 하나님이 하시는 모든 것은 다 때와 시기가 있다(참조-전 3장). 솔직히, 많은 사람들이 그들이 받은 예언을 온전히 다 이해하지는 못한다. 뒤돌아보면, 나도 예언의 타이밍을 놓쳤던 때가 있다. 너무 빨리, 혹은 너무 느리게 움직였다. 그렇다면 예언의 적절한 타이밍을 어떻게 분별할까?

예언의 정확성을 다룰 때와 마찬가지로, 우리는 예언의 타이밍을 분별하기 위해 성경을 살펴보고, 기도하고, 지혜로운 조언을 구하고, 예언이 오염되지 않았는지 확인해야 한다. 때로는 이미 말했듯이, 다른 사람들의 불완전함, 혹은 죄가 타이밍을 좀 망가뜨린다. 그러나 그럴 때라도 하나님이 시간을 구속하신다(참조-엡 5:16). 그런 깨진 상황 속에서 우리는 로마서 8장 28절을 묵상해야 한다.

> 우리가 알거니와 하나님을 사랑하는 자 곧 그의 뜻대로 부르심을 입은 자들에게는 모든 것이 합력하여 선을 이루느니라

남편 마이크는 아케리칸 항공에서 해고되었을 때를 많이 간증했다. 회사는 대량해고 후 돈을 적게 줘도 되는 직원들을 고용했다. 그래서 그들에게 돈을 적게 주고, 돈을 많이 줘야 하는 직원들은 모두 해고했다. 그때 우리는 "국제 중보기도의 장군들(Generals International)" 사역을 계획하는 단계였지만, 시작은 2년 후로 생각하고 있었다. 그러면 그동안 아이들도 좀 크고, 돈도 좀 모을 수 있을 것이라고 생각했다. 그러나 갑자기, 우리가 원한 것보다 더 돌연히, 우리는 배 밖으로 던져졌다.

애석한 상황이 원수, 자신의 선택, 사람들의 죄성 등 어느 것 때문에 일어났든 간에, 하나님은 항상 B안을 가지신다. 당신은 그저 믿음으로 발걸음을 내디디면 된다고 결단하라. 마이크와 내

가 그랬다. 그러고 나서 그 시점에 당신에게 필요한 믿음의 분량을 달라고 기도하라. 반드시, 하나님은 신실하게 응답하실 것이다.

하나님은 신실하시다.

7장

하나님은 당신에게 말씀하기 원하신다!

나의 목표는 하나님이 오늘도 여전히 말씀하신다는 것을 알리려는 것이었다. 하나님은 당신을 사랑하셔서 쌍방 대화를 열어놓고자 갈망하신다. 이 작은 책이 그렇게 할 도구가 되기를 바라고 그러리라 믿는다. 매일 우리의 감각을 공격하는 세상 속에서 하나님의 음성을 더 분명히 듣기 위한 핵심 단계들을 다시 정리하고 넘어가겠다. 이 책의 핵심을 다음 10가지로 요약할 수 있다.

1. 하나님은 당신을 사랑하시고 당신에게 말씀하시기를 갈망하신다. 당신이 하나님의 음성을 들은 적이 전혀 없거나, 하나님이 오늘도 여전히 말씀하신다는 것을 전혀 몰랐더라도, 하나님은 당신이 하나님의 음성을 듣기를 기다리고 계신다. 이 진리에 대한 주제 구절은 요한복음 18장 37절이다.
2. 하나님은 당신과의 친밀함을 갈망하신다. 쌍방 대화를 넘어서서, 하나님의 갈망은 당신을 하나님의 사랑과 평화로 충만히 채우시는 것이다. 하나님을 받아들일 준비가 되었는가? 고린도전서 14장 1절을 보라.
3. 많은 사람들이 하나님이 오늘도 말씀하신다고 믿지만, 선지자 직분을 맡은 사람만 하나님으로부터 듣는다고 생각한다. 그것은 성경적이거나 진리가 아니다! 일정 수의 사

람만 선지자지만, 모든 그리스도인들은 예언할 수 있다. 고린도전서 14장, 특히 1~5, 39절을 보라.

4. 하나님의 음성을 더 분명히 듣고자 귀 기울일 때, 당신이 하는 모든 일이 하나님의 말씀에 근거하게 하라. 그러면 예언의 원천이 어디인지 분별하여 성경적이고 하나님으로부터 온 것이게 할 때 도움이 될 것이다(참조-요일 4:1~6).

5. 경건하고 성경을 믿는 그리스도인들을 주변에 두라. 그들이 당신을 멘토링해 주고 하나님을 더 분명히 정확하게 듣도록 도와준다.

6. 당신이 하나님의 음성을 들었다고 생각하는 것이 정확한지 성령께서 내적으로 증거해 달라고 기도하라(참조-요 10:27~29).

7. 고린도전서 14장 3절에 나타난 예언의 3대 기능을 이해하라. 덕을 세움(덕을 세우다, 건축하다, 재건축하다), 권면(돕다, 교육하다, 훈계하다), 위로(진정시키다, 평화롭게 하다, 공감하다).

8. 하나님의 음성을 온전히 듣고 당신에 대한 하나님의 소명을 분별하기 위해, 과거의 모든 상처를 치유하는 것이 중요하다. 거기 포함되는 것은 정서적 파선, 내적 맹세 깨뜨리기, 실망 극복하기, 당신 자신을 용서하기, 하나님의 은

혜와 자비 받아들이기다. (참조-딤전 1:18~20, 고후 5:17, 벧전 2:24, 롬 11:29, 막 4:9, 요일 3:22, 마 19:26, 사 53:5, 눅 22:7, 마 11:29, 시 103:2, 롬 8:28, 슥 4:10).

9. 과거의 상처로부터 치유되어 하나님의 음성이 더 깊이, 분명하게 우리 생각과 영 속으로 침투하게 허용하면서, 남아 있는 장애물들도 제거해야 한다. 그런 장애물에 포함되는 것은 채워지지 않은 기대, 불순종과 죄, 불신, 원망, 영적 전쟁, 자기 기만, 영혼이 막힘이다. (이런 장애물 제거를 위한 핵심 구절들은 요 3:4, 막 29:23~24, 눅 17:6, 히 11장 이다.)

10. 다른 사람이 우리에게 준 예언적 말의 정확성을 확인한 후, 그 말에 근거해 행동하는 것이 중요하다. 다음 사항을 고려해야 한다. 그 말이 성경적인가? 예언하는 사람이 성령의 열매를 맺는가?(갈 5:22~23) 예언을 오염시키는 것이 있는가? 가령 하나님의 선하심이 그 말에 드러나는가?(롬 2:40) 그 말은 비판적이거나 가혹한가, 아니면 회복시키는가?(시 23:3) 성령이 내적으로 옳다고 증거하시는가?(요 14:16~17) 그 말이 두세 증인의 말과 공명하는가?(고후 13:1, 마 18:20) 그 말이 당신이 분별하는 하나님의 타이밍과 일치하는가?(전 3장)

마지막으로, 사랑하는 여러분, 당신의 용기에 감사한다. 이상한 말 같은가? 그럴지 모른다. 그러나 이 세상의 많은 목소리들이 우리의 주의를 끌려 하는 가운데서도 당신은 하나님의 음성에 초점을 맞추고자 끝까지 관심을 기울였다. 거기에는 용기가 필요하다! 소음 속에서 하나님의 음성을 듣기란 어렵다, 그렇지 않은가? 그러나 성령 안으로 들어가길 애쓰고 주를 추구할 때, 주께서도 당신을 찾아오실 것이다. 그러면 친한 친구처럼, 시간이 지남에 따라 성령의 음성과 음색을 알아차리게 될 것이다.

여느 날과 마찬가지로 점심 시간까지 버티려 애쓰고 있을 때 (하나님의 음성을 듣기는 커녕!) 당신에 대한 하나님의 계획은 놀랍고도 생생하다는 것을 확신하라.

마무리하며, 아버지의 사랑과 당신에 대한 놀라운 계획을 확신시켜 줄 성경 구절을 당신에게 남기고자 한다.

> 너희는 마음에 근심하지 말라 하나님을 믿으니 또 나를 믿으라 내 아버지 집에 거할 곳이 많도다 그렇지 않으면 너희에게 일렀으리라 내가 너희를 위하여 거처를 예비하러 가노니 가서 너희를 위하여 거처를 예비하면 내가 다시 와서 너희를 내게로 영접하여 나 있는 곳에 너희도 있게 하리라 내가 어디로 가는지 그 길을 너희가 아느니라 (요 14:1~4)

미주

1. 신디 제이콥스 『다만 악에서 구하옵소서 Deliver Us From Evil』
2. 신디 제이콥스, 『내 말을 네 입에 두었노라 The Voice of God』
3. 신디 제이콥스, 『대적의 문을 취하라 Possessing the Gates of the Enemy』
4. 신디 제이콥스 『다만 악에서 구하옵소서 Deliver Us From Evil』

하나님, 당신이십니까?

1판 1쇄 2015년 6월 30일
지은이 | 신디 제이콥스
펴낸이 | 김혜자
옮긴이 | 김주성
등록번호 제16-2825호 | 등록일자 2002년 10월
발행처 | 다윗의 장막 미디어
주소 | 서울시 강남구 역삼로98길 28
전화 | 02)3452-0442
팩스 | 02)6910-0432
www.ydfc.com
www.tofdavid.com

값 6,000원
ISBN 978-89-92358-91-0 (CIP 2015014254)
* 잘못된 책은 바꿔 드립니다.

다윗의 장막미디어는 영적 부흥과 영혼의 추수를 위해 책, CD, Tape, 영상물들의 매체를 통해
하나님 나라가 가정, 사업, 정부, 교육, 미디어, 예술, 교회로 확장되는 비전으로 나아가고 있습니다.